一人暮らしパラダイス

弘兼流　熟年世代の「第二の人生」

はじめに

自由気ままな一人暮らしで「身軽」になる

いまの日本は、これから「一人暮らし」の世帯が珍しいものではなくなっていきます。

長寿社会にともない、高齢になってから連れ合いを亡くした人が一人で暮らすケースが増えるでしょうし、依然として高い水準にあるといわれる離婚率や男女ともに進む未婚化、あるいは子どもとの同居率の低下などからいっても、今後、とくに中高年の人の一人暮らしが増える傾向は否定できません。

国立社会保障・人口問題研究所が公表した直近のデータによれば、全世帯に占める単独世帯（一人暮らし）の割合は、２０１０年に32・4%だったものが、２０４０年には39・3%に増えると推定されています。なかでも高齢者の独居率の伸びが高く、

２０１５年から２０４０年の間に、65歳以上の男性の独居率は14・０％から20・８％に、女性は21・８％から24・５％に上昇するとされています。

こうした数字を見ても、これからは一人暮らしが当たり前の時代になるでしょう。こうした事態を表わす「ソロ社会」という言葉もあるくらいです。家の後ろに建っているアパートの住人がすべて一人暮らしで、しかもそれが中高年の男性というケースが珍しくも何ともないものになります。

だからと言って、それを由々しき事態、憂慮すべき事態だと悲観する必要はないと思います。

たしかに一人暮らしの人が亡くなってから何か月も発見されなかったという、いわゆる「孤独死」を避けるための個人的、社会的な対策は考えなければいけませんが、そうした対策を含め、一人暮らしの人に対するサービスやシステムも、いまよりももっと充実し、さまざまなものが登場してくるでしょう。

要は、考え方次第だと思います。「生涯未婚率」という言葉があります。最近は国の統計などでもあまり使わないようにしているらしいのですが、これは50歳までに一度も結婚したことがない人の割合を示すものです。

しかし、50歳の時点で結婚していなかったとしても、その後も結婚しないとは言い切れません。

また、生涯未婚率には含まれない、たとえば離婚した人や伴侶に先立たれた人などもいますから、そう考えると、50歳以上の人を対象にした婚活マーケットが広がる可能性があります。『50歳からの婚活』というタイトルの本なども出てくるのではないでしょうか。

一人暮らしと聞くと、何やら「孤独」で寂しいもの、むなしいものと短絡的にとらえる人がいますが、そう限定して考える必要はありません。

たとえば、結婚していても同居はしていない人という人（僕自身がそうです）や、一人暮らしだが特定のパートナーはいるという人もいるでしょう。いまはＳＮＳなどを介して誰かとすぐにつながれますし、趣味などを通じて友人ができたりもします。考え方ややりようによっては、一人暮らしでも充実した生活を送ることができます。

そもそも、人は孤独な生きものです。厳密に考えれば、生まれてくるときも一人だし、死ときも一人です。孤独であることがむしろ、人間にとっての本性と言えます。

最近ではそうしたことを改めて見つめ直そうという機運があり、孤独をテーマにした本がポツポツ目立つようになってきました。

孤独というとどうしても暗いイメージでとらえられがちなので、僕はあえて「一人暮らし」と言い換えていますが、充実した孤独な時間や暮らしは、穏やかでとても自分らしいものです。

とくに年齢を重ねたら、一人暮らしは気楽で楽しいものです。何ごとにも煩《わずら》わされることはないし、誰にも縛られない解放感があります。寝たいときに寝て、起きたいときに起き、食べたいときに食べ、出かけたいときに出かけ、見たいテレビ番組を思う存分見ても、誰にも文句は言われません。

一人で暮らしていたら、そんなにたくさんのものもスペースも必要ありません。必要最小限なものだけで暮らし、身軽に生きることができます。

できれば都心に近いところに住めば、仲間も集まりやすいし、買いものに行くにも、病院に行くにも、あるいは映画やコンサートなどに行くにも便利です。

気の合う仲間と集まるときにはワーッと集まって楽しみ、終わったらまた一人暮らしに戻ります。それを上手に繰り返していれば、まったく寂しくはありません。

しかし、世間には一人暮らしに憧れているが、どうすればうまくいくのかわからないという中高年の男性も少なくないと思います。

たしかに、一人暮らしを成功させようと思ったら、それなりに克服しなければならない課題や準備といったものがあります。さらに、一人暮らしならではの心構えや考え方も必要になってきます。

それほど難しいものではありませんが、これまでほとんど一人暮らしをしたことがないという人にとっては、やはりそれなりのヒントや指針は必要だと思います。

この本では、一人暮らしを実践している僕なりに考える、一人暮らしを楽しくさせるコツのようなものを伝授したいと思います。

目次

はじめに
自由気ままな一人暮らしで「身軽」になる　003

第1章　老いたら拒まず、でも従わず

◆「理想の人生」は、他人からの押し付け　016
◆島耕作だって、「娘の誕生日より仕事」　018
◆「こだわり」は、あくまで自分だけのもの　023
◆いい歳をして「自分らしさ」に悩むのはバカらしい　027
◆「人生100年」と思って、「今日」を疎かにしていないか？　031

◆人を羨むくらいなら、せめて「下の人」を見なさい 035
◆私たちは〝逃げ場〟のない似た者同士 039
◆若者に媚びても何も学べない 042
◆アンチエイジングなんてしても大差はない 046
◆欲深さはあなたを惨めにするだけ 050

第2章 嫌われない、無理をしない、引きこもらない

◆「まるくなる」のは、損ではない 056
◆この歳でできないことは「もうやらなくていいこと」 060
◆疲れるほど運動するのは、もうやめよう 065

◆決まり切った生活がだまされる隙を生む 069
◆最近、知らない道を歩きましたか？ 072
◆やるべきことだけは粛々と…… 076
◆定年退職前に「やりたいこと」をイメージ 079
◆「行きつけ」をつくって1日1回外に出よう 083

第3章 気ままな暮らしのコツ、そしてひと手間

◆一人暮らし、料理をしないのはもったいない 090
◆料理の段取りで、脳も財布も得をする 094
◆洗濯・掃除はひと手間で済む 099

◆お酒は自分の適量を維持すべし 103
◆1日3食を守らなくていい 107
◆欲の中身は変わってくる 111
◆お金でモテるのはつらいよ 115
◆弾む会話は「自慢なし、でもオチはある」 118
◆一人暮らしは楽しい時間しかない 122
◆退屈な人と付き合う理由はない 127
◆一人暮らしの準備は早いに越したことはない 131
◆一人暮らしを豊かにするゆるいつながり 135

第4章 「家族」からおだやかに卒業する

◆「家族は仲がいいもの」という幻想 140
◆血のつながりといっても、それが何だ？ 143
◆子どもにお金を残さない、見返りも求めない 148
◆離婚が非難される時代ではない 151
◆破綻した結婚はただのエネルギーの無駄 155
◆離婚ではなく、「卒婚」という選択肢 158
◆孫の世話で疲れ果てる老後はイヤだ 163

第5章 近づく「黄昏」を恐れることはない

◆永井荷風に「死に方の理想」を見る 168

◆「孤独死」は怖いですか？ 173
◆しっかり準備すれば「後のこと」は怖くない 177
◆一人の最期も気楽でいい 181
◆延命治療の意思だけははっきりと 184
◆年寄りが病院のベッドに居座るのは医療資源の無駄？ 189
◆父の延命治療で考えたこと 192
◆生き死にを自分で選べるか？ 195
◆妻に先立たれることを想定してみる 200
◆男は妻との死別に弱い生きもの 205
◆孤立しないための「止まり木」をつくる 208

第1章
老いたら拒まず、でも従わず

「理想の人生」は、他人からの押し付け

「理想」という言葉に悪いイメージを持つ日本人は、そう多くはないでしょう。むしろ理想や目標を掲げ、その実現に向けて勤勉に努力することを日本人の美徳の一つと考えている人は多いと思います（最近は、そうでもないかもしれませんが……）。しかも、それは年齢に関係のないことです。理想と聞くと、得てして若い人の専売特許のように思われがちですが、そんなことはありません。

「年を重ねただけで人は老いない。理想を失うときに初めて老いがくる。」

これはアメリカの実業家・詩人であったサミュエル・ウルマンという人が書いた、『青春』という詩の中に登場する一節です。かのマッカーサーも座右の銘にしたということで有名になり、日本の政財界人の講演会などでもよく引用されています。いくつになろうが人は理想を抱くことができ、それが持てなくなったとき、そのときこそ

が本当の老いの始まりだということでしょう。

ここで話が終わってもいいのですが、ちょっと考えてみましょう。

理想は、諸刃の剣でもあります。たしかに理想は人を成長させるために必要なものかもしれませんが、その反面、多大な危険性もあります。なまじ理想があるばかりに、それに考えや行動が縛られたり、現実との間に齟齬を来たしたりします。それによって苦しまなくていいところで苦しんだり、悩まなくていいところで悩んだりすることが多々、あります。長く人生を生きてきた人なら、誰しも思い当たることでしょう。

では、理想など持たないほうがいいのでしょうか？

持ってもいいし、持たなくてもいい。僕は、どちらでもいいと思っています。理想がなければ生きている意味がないと思う人は持てばいいし、別になくても平気だという人は持たなくてもいい。要は、その人の考え方次第です。

理想には、世間が押し付ける常識のようなものが多分に反映されています。しかも、その常識に確固たる根拠や効用があればいいのですが、何となくそう思われているだけということが多くあります。ですから、そうした理想や常識を真に受ける必要はないし、それに従わなかったからといって、その人が悪いわけでもありません。

最近の言葉でいえば、理想というものが一種の「同調圧力」となってしまっています。それに従わない人はＫＹ（空気が読めない）なダメ人間というレッテルが貼られたり、つま弾きにされたりする風潮があります。

しかし、そんなことはいちいち気にしないことです。言いたい人には勝手に言わせておけばいいのです。

島耕作だって、「娘の誕生日より仕事」

理想が押し付ける「かくあらねばならない」という姿は、言い換えれば「虚像」ということです。

日本人の多くは、この虚像にとらわれすぎているのではないでしょうか。それによって現実をありのままに楽しむことができず、理想（虚像）とのギャップに悩んでしまう。それが老人にしろ、若者にしろ、あるいは男性にしろ、女性にしろ、いまの日本人があまり幸せそうに見えない原因の一つだと思います。

たとえば、「デキる男（女でもかまいませんが）」と世間で言われている理想的な像があります。昔なら、黙ってビールを飲むような男でしたが（古いか？）、現在であれば「仕事も家庭もどちらも大切にする男」が、その典型ということになるでしょう。

なかにはそういう奇特な人もいるかもしれませんが、大抵の人はどちらかに偏るというか、どちらか一方に重心を置かざるを得ないのではないでしょうか。僕の周囲でも、仕事と家庭を上手に両立させているという人はきわめて少ない。

仕事をバリバリやって、会社や社会でどんどん出世していくようなタイプの男性は、家庭のことはあまり顧みないというのが現実です。ですから成功したビジネスマンほど、家庭では往々にして孤独なものです。島耕作だって、そうです。「娘の誕生日より会議」という人なのですから。でも、それはそれで仕方のないことです。

その逆に、娘の誕生日だから残業などしないでさっさと家に帰るという人も、それはそれですばらしいと思います。出世などしなくてもいいので、会社のことや仕事はほどほどにして、家庭や家族のことを最優先させるという生き方も立派な生き方です。

どちらを選んだにしろ、非難されるものではありません。要は、最終的に自分がどちらの生き方を選ぶかというだけです。どちらもできるのがデキる男であるなどと、変な理想や虚像を追わないことです。それによって苦しむなんぞ、間違ったことです。

だいたい、子どもの誕生日や運動会に出るのが「良いパパ」で、その日に会社で仕事をしたり、出張に行ったりするのは「悪いパパ」だとレッテルを貼るような、おかしな風潮は払拭したほうがいい。

最近、そうした傾向はますます高まっているように思いますが、子どもの誕生日など別にどうということはありません。

乳幼児死亡率が高かった昔であれば、たしかに5歳とか、7歳まで生きられる子どもは決して多くなく、だからこそ七五三などの行事も大切にされていたわけですが、いまはそんなこともありません。黙っていても毎年、子どもの誕生日はやってきます。それをいちいち祝う必要もありません。

その延長で、最近は「イクメン」がもてはやされています。その反対に、子育てをしない男は最悪だという風潮があります。

でも、はたしてそうでしょうか。

生まれてこの方、子どもを抱いたこともないような男が無理に子育てをしたために、かえって子どもにケガさせてしまうということもあり得ます。やはり慣れている人がやったほうがいいこともあります。世間ではそう言われているから、男も無理をしてでも子育てをしなければならないなどと思い込む必要はありません。

どうでもいいということで言えば、結婚記念日などもそうかもしれません。

これもまた結婚記念日には欠かさず夫婦でお祝いをしたり、妻にプレゼントをしたりするのが理想のように言われていますが、自分でしたくないなら、「俺はそんなことはしないから」と、最初から妻に宣言しておくのもいいと思います。

僕は、僕たち夫婦の結婚記念日がいつかは覚えていますが、改まって祝いごとのようなことをしたことはありません。

もしかしたら、1年目とか、2年目あたりにはやったかもしれませんが、その記憶すらありません。25年目の銀婚式ですら忘れていて、気がついたときには1か月前が銀婚式だったということがありました。妻のほうから何かやれと言われたらやったかもしれませんが、幸い何も言ってきませんでした。

ですから、これもまたその夫婦のあり方であって、とくに理想といったものはないのです。うちの夫婦はやらないと大変なことになると思えば、イヤイヤでもやればいいし、やる必要がないと思えば、やらなければいい。どちらもオッケーです。

要は自分たち夫婦のあり方や家庭の状況を鑑みて、臨機応変にすればいいだけのこと。それをやらなかったからといって、それが悪いことでも何でもありません。

「こだわり」は、あくまで自分だけのもの

理想と似たものに、「こだわり」があります。これもまた、諸刃の剣となりかねないものです。

食う寝るところに住むところ、着るもの、クルマ、付き合う女……エトセトラ、etc。それが何ごとであれ、こだわりがある人のほうが、何に対してもまったくこだわりがない人よりも人間的に高尚だと思われているふしがあります。こだわりとは、見識や教養の高さ、あるいは趣味、嗜好、はたまた育ちのよさを反映したものだという見方もできるわけで、たしかにそうした一面も否定できません。

若いうちならいざ知らず、それなりに年齢を重ねた人物なら、こだわりの一つもなければみっともないというような言い方をされることもあります。

いわく、「本物の男なら、こだわりを持て！」

でも、本当にそうなのでしょうか？

結論から言えば、こだわりを持ちたい人は持てばいいし、こだわりなんかとくに必要ないという人は持たなくてもいい。これもまた、人それぞれです。

ただし、こだわりを持つことに関して注意したいのは、自分のこだわりを他人に押し付けたり、強要したりしないほうがいいということです。そんなことをすると確実に人から嫌われるし、人が離れていってしまう原因にもなります。

事実として、こだわりを持っている人にはちょっと面倒くさいところがあります。その人にとっては大切なことかもしれませんが、他人から見たら、「そんなこと、どうでもいいじゃないか」と思えることが多々あります。

その人が勝手にこだわっているのだから、勝手にさせておけばいいと言う人もいるかもしれませんが、得てしてこだわりを持っている人、しかもそのこだわりが強ければ強い人ほど、まわりの人にそれを強要しがちです。

時と場合によっては、その人に合わせなくてはいけない場面もあります。仕方がないから、その場は合わせるのですが、それが実に面倒くさい。

ですから、こだわりを持つのはいいのですが、それを人に押し付けないことです。かく言う僕自身が、たとえばワインにはとてもこだわりがあります。しかし、「このワインでなければダメだ」などと、人前では言わないようにしています。そんなことを言うと嫌われる原因にもなるので、なるべく言わないように気をつけています。

それでもつい、こだわりが出てしまうときがあります。僕は自分で料理をすることも多いのですが、料理に関してはこだわりが多い。言い訳めいて聞こえるかもしれませんが、料理はこだわったほうが絶対おいしくなると思っています。

たとえば、鍋料理。僕は、俗に言う「鍋奉行」です。人がすることを黙って見ていられない質で、つい手が出てしまいます。春菊は煮え過ぎると苦みが出るので、すぐに鍋を囲んでいる仲間の取り鉢に取ってあげます。自分では親切心でやっているつもりですが、なかには面倒くさいと思っている人もいるかもしれません。白菜も、そうです。白菜はクタクタになるまで煮込んだほうが好きだという人がいますが、僕自身はそこまで煮えるとおいしくないので、若干歯ごたえが残っている程度で人にすすめます。それもイヤな人にはイヤでしょう。

白菜に関しては、切る方向にもこだわりがあります。まず葉っぱと芯の部分を分けて、芯は縦方向に短冊形に切ります。さらに先に芯のほうから鍋に入れて、後で葉っぱのほうを入れます。そうするとちょうど同じくらいのタイミングで煮えるので、食べるときに好都合です。そういう段取りには、かなりこだわります。

鍋奉行程度なら愛嬌で済みますが、困るのは趣味的なこだわりを人に押し付けることです。

麻雀で卓を囲むときに、ＢＧＭとして自分の好きな曲のＣＤばかりかける人がいます。その曲が流れてくると、とうんざりすることがあります。

こだわりは、本人の中でそう思っているだけなら何の問題もありません。ただし、人にはくれぐれも強要しないことです。趣味ではありませんが、「男はこうあらねばならぬ」というような生き方に対するこだわりを説くような人もいます。

血気盛んな若いうちらなら大目に見てもらえるかもしれませんが、ある程度、歳をとってきたら、そういうこともあまり言わないほうがスマートでいいと思います。

いい歳をして「自分らしさ」に悩むのはバカらしい

「ひとつの妖怪がヨーロッパを歩き回っている――共産主義という妖怪が。」

僕のような世代の人間には、このフレーズを聞いて、あまりの懐かしさに涙がチョチョ切れそうな人もいるはずです。

これはマルクスとエンゲルスの『共産党宣言』の冒頭にある一節ですが、そのひそみにならえば、最近はこう言えるかもしれません。

「ひとつの妖怪が日本を歩き回っている――自分らしさという妖怪が。」

この「自分らしさ」に、「自分探し」や「ありのままの自分」を加えてもいいのですが、いったい何なのでしょうか、この現象は？

若いものが「自分探しの旅に出る」というならまだしも、還暦を過ぎたようないい歳のオッサンが「自分らしく生きる」とか、「自分らしく働く」とか話すのを聞いていると、こちらのほうが恥ずかしくなってきます。何とまあナイーブで、おセンチなのでしょうか。

日本ではいま、若い人のみならず、中高年のなかにもこの「自分らしさ」の妖怪にとりつかれている人がたくさんいます。思想家の内田樹さんが「日本は中高年が劣化、幼児化した」とどこかに書いていましたが、その一端が、この「自分らしさ」に対する妄信から見てとれます。

そもそも、「自分らしさ」とは何でしょうか。自分、もしくは自分自身というならわかりますが、「らしい」ということは、そもそも自分や自分自身ではなく、自分のようなもの、自分自身のようなものということになりはしないでしょうか。自分のような自分とは、いったいどんな自分なのかわかりません。

だいたいにおいて「自分らしさ」というものが問題化するのは、そのときの自分が「本当の自分」ではないと感じられるときではないでしょうか。

これもまた妄想のようなもので、「本当の自分」というものが具体的にあるわけではありません（もちろん「嘘の自分」も）。あるのは、生身としての「ただの自分」です。その「ただの自分」を受け入れ、それなりに生きていくしかないではありませんか。「自分らしさ」とか、「本当の自分」などといったものは、現実からの「逃げ」でしかありません。


百歩譲って、仮に「自分らしさ」というようなものがあったとしても、それは自分で決められるものではないような気がします。その人がやったり、話したりすること、それをその人ではない周囲の誰かが見て、「あぁ、いかにもあの人らしいな」と思ったときに、それがその人の「自分らしさ」になるのではないでしょうか。

つまり、自分らしいかどうかは自分が判断できることではなく、他人が決めることなのです。そんなものが始めからあるわけではないし、自分でわかるものでもありません。

「僕の前に道はない　僕の後ろに道は出来る」

これは高村光太郎の有名な詩『道程』の出だしですが、「自分らしさ」というものも、この道のようなものだと思います。それはあらかじめ決まっているものではなく、生きる過程を通じて、あくまでも事後的に決まってくるものです。

あるいは、人がそう認めてくれるものです。ですから自分から自分らしいなどと言ってはいけないし、そんなものを生きる縁《よすが》にすること自体がおかしいのです。

この本を手に取ってくださった人の多くは、おそらく僕と同じくらいの年齢の方々でしょうから、この先あまり長くありません。人生の最終コーナーを回って、いよいよ死というゴールがそう遠くないところに見えているはずです。

この期に及んで「自分らしく生きる」などという理想を掲げ、それに向かって努力などしなくてもいいのです。

どんなに崇高な目標を立てたところで、明日死ぬかもしれないのですから。

そんな理想やこだわりによって苦しむよりも、とにかくその日、その日を楽しく生きることを考えて、それを実践したほうがいいに決まっていると思いませんか？

「人生100年」と思って、「今日」を疎かにしていないか？

いい歳をして「自分らしく生きる」などと言っている人は、もしかしたら明日、自分が死ぬかもしれないと思っていない人かもしれません。

その日、その日を楽しく生きると聞くと、何と能天気な人だろうと首をかしげる人もいるかもしれませんが、僕に言わせれば、自分が明日死ぬかもしれない年齢に差しかかっているということを考えない人のほうが、よっぽど能天気です。自分は、まだまだずっと生きられると思っているのではないでしょうか。

そうした勘違いに拍車をかけるのが、最近盛んに言われている「人生１００年時代」というキャッチフレーズです。たしかに昔に比べたら、１００歳以上の人の数は増えています。厚生労働省のまとめによると、２０１９年９月時点で１００歳以上の高齢者ははじめて７万人を突破し、７万１２３８人となったそうです。これで49年連続で増加しているといいます。

だからといって、これで本当に「人生１００年時代」と言えるでしょうか。

不慮の事故でもない限り、ほとんどの人が１００歳まで生きるのが当たり前となったら、そのフレーズも妥当でしょうが、全体の比率から見たら１００歳以上の人口は微々たるものです。僕は、「人生１００年時代」など来ないと思っています。お医者さんに聞いても、どんなに医学や薬などが発達しても、たいがいの人は90歳くらいになると、一気にガタッと来ると言います。

「私、何だか死なないような気がするんですよ」というセリフで有名な作家の宇野千代さんでさえ、結局、98歳で亡くなりました。あの元気な森光子さんだって92歳、森繁久彌さんは96歳で亡くなりました。やはり、人間にとって100歳まで生きることは至難の業なのです。

それに本当に日本人の多くが100歳まで生きるようになったら、収入や資産がたくさんある人を除いて、その面倒を税金でまかなうしかありませんから、国庫が破綻するでしょう。少なくとも現在の社会保障制度では、どうにもなりません。消費税もとても10%などでは済まないでしょう。

そう考えると「人生100年時代」などというのは夢物語のようなものであって、現実的には数多くの問題があります。そういう無責任なスローガンはやめたほうがいいし、そういう言葉に踊らされて、自分がいつまでも生きられると勘違いして「自分らしく生きる」などと口にするのは愚かなことです。

こんなことを言うと批判されるかもしれませんが、はたして100歳を超えて、ただ長生きすることが人間にとって本当に幸せなことなのかどうかわかりません。『長生き地獄』という本も出ているようですが、さもありなんと思います。まあ本人は長生きしたいかもしれませんが、それによって周囲の人に迷惑がかかるようでは考えものです。

いずれにしろ、「自分らしさ」などという枠を自分ではめて悩んだり、ただ長生きすることに汲々《きゅうきゅう》としたりするよりも、きょう一日を楽しく生きることに徹したほうがいいと思います。そのときに大切なのは、人と比較したり、世間一般の基準に自分をなぞらえたりして生きるのではなく、自分が一番快適であるように生きることです。

人から見たら全然、幸せではないかもしれませんが、自分が快適だと思えば、それがその人の幸せの基準になります。

朝起きて、コンビニでごはんを買い、それを食べて、ちょっと仕事や近所に出かけ、帰ってきてテレビを見ながら一杯やって、お風呂に入って寝る。それがその人の幸せの基準であれば、それでオッケーです。他の人から見たら、ただのグータラだと思われるかもしれませんが、そんなことは意に介さないことです。
昨日と同じ今日があるだけで幸せを感じられる人ほど、幸せに生きられると思います。

人を羨むくらいなら、せめて「下の人」を見なさい

人を不幸にさせるものはさまざまありますが、人と比べることもその一つです。それによって自分はダメな人間だと思って過度に落ち込んだり、つい分不相応なことに手を出して身を持ち崩したりすることになってしまいます。

幸せの基準を突き詰めていけば、結局、自分が幸せだと思うかどうかということです。他人と比較したところで、何にもなりません。「いま、俺は結構、幸せだ」と思ったら、それが幸せです。「幼なじみのAは、俺よりもいい大学に入って、いい会社

に就職した。出世して、金持ちになった。住んでいるところも、家も立派だ。いい車に乗って、別荘も持っている。奥さんも美人だ。それに比べて俺は……」と卑下したところで、自分の状況が変わるわけではありません。

そもそも人と比べるときに、どうしてなのかはわかりませんが、たいがい自分よりも境遇のいい人と比べがちです。しかし、冷静になって考えるまでもなく、世の中には自分よりも不幸な人がごまんといます。

たとえば、明日食べるものにも困っている人、住む家がない人、家族の介護が大変で仕事を辞めざるを得ない人、死ぬか生きるかの病気を抱えている人がいます。はたまた、いつミサイルが飛んできてもおかしくない状況、毎日のようにテロや殺人がある状況、きれいな飲み水さえない状況に置かれている人がいます。

私たちのすぐ近くにも、あるいは飛行機でたった数時間のところにも、不幸な境遇に置かれている人はたくさんいます。

そういう人と比べたら、「とりあえず明日食べるものがあって、雨露をしのぐ場所や寒さを防ぐ服もあって、いまは死ぬほど苦しい病気にかかっているわけでもない。それだけでも俺は幸せではないか」と思えるはずです。

また、自分が歳をとってきたことを認めたくない反動なのかどうかわかりませんが、何かにつけて若い人と競おうとする中高年の人がいます。大人げなくて、どうかと思いますが、どうせ競うならゴルフはどうでしょうか。

別に若者ぶるわけではありませんが、僕自身、ゴルフだけは若いときと変わらない飛距離があります。これは道具の進化によるところが大きいのですが、70歳を過ぎて、さらに飛ぶようになってきました。

ゴルフは、ある意味、歳をとった人と若い人が公平に戦うことができるスポーツだと思います。というのも、ゴルフではどのクラブを使ってもいいことになっています。仮に飛距離が落ちてきて、ドライバーの飛距離では若い人にかなわないとしても、正確にショットを刻んでいけば、最終的には同じようなスコアであがることができます。

つまり、ゴルフは体力で勝負するスポーツではありません。止まっているボールを打つので、動いているボールに反応するような運動神経もいりません。止まっているボールを、正確に打つことができればいい。ですから歳をとってもできるスポーツです。また、パットの際にグリーンを読むことは、経験を積むほど上達します。

さらにラフからグリーンにのせるためのアプローチショットなどは、練習場ではなかなか練習できませんから、実際にコースに出て身につけていくしかありません。それだけ経験がものをいいます。

陸上や水泳などでは若い人には勝てませんが、ゴルフは80歳のおじいさんが20歳の若者に勝つことが珍しくないスポーツです。どうしても若い人に負けたくなかったら、ゴルフをおやりなさい。

話を元に戻しますが、結論から言えば、自分が楽しく生きるのが一番だと思います。それを妨げるのが、人と比べる心です。

人と比べさえしなければ、もっと満ち足りた楽しい気分で毎日を送ることができます。そもそも、あなたが羨ましいと思っている相手のほうが、あなたのことを楽しそうに生きられて羨ましいと思っているかもしれないではありませんか。

重ねて言います。自分よりも境遇がいい人と比べてもどうしようもありません。それでも誰かと比べたくなったら、頭を切り替えて、自分よりも境遇が悪い人と比べてみてはどうでしょうか。

私たちは〝逃げ場〟のない似た者同士

人と比べることに意味がないのは、私たちは同じようなリスクを抱えて生きているということでは大差なく、誰もそこから逃れられない状況にあるからです。

とりあえず日本に話を限定しますが、いま日本に住んでいたら、どこか近くの国が発射したミサイルが間違って飛んでくるかもしれません。どこに墜ちるか、わかりません。北海道だろうが、東京だろうが、九州だろうが、墜ちてくる危険性ということでは大差ありません。

事実として、そういう時代にたまたま私たちは生きているという認識は持っておいたほうがいいと思います。

僕は戦後の1947年生まれですから、生まれてこの方、一度も直接、戦争の体験はしていません。国内での戦いを含め、70年以上大きな戦争がなかったということは、日本の歴史では珍しいことです。

しかし、だからといって、「俺は戦前や戦中の人たちに比べて、何と幸せだろう」とばかり思ってはいられません。

これからは、もしかしたら戦争があるかもしれません。いざとなってから慌てふためかないためにも、戦争があっても不思議ではないという覚悟、何があっても動じないという気持ちをいまのうちから固めておいたほうがいいと思います。

物騒なほうに話が進んでしまいましたが、たとえば地震一つとっても、いま生きている日本人は運命共同体のようなものです。

ここ20、30年以内に巨大地震が起きる可能性が極めて高いそうですが、それがどこで起きるか、本当のところはわかりません。東京直下型だとか、南海トラフだとか、震源地についていろいろ言われていますが、日本はどこにいたところで、そのリスクは変わりません。

自治体が作成したハザードマップなどを見て、自分が住んでいるところは大丈夫だと思っていても、東京直下型地震が起きたときにたまたま都心の、しかも地下鉄に乗っているかもしれません。

そんなふうに危険や危機のリスクということを考えれば、自分と誰かを比べることに大した意味はありません。大差ないのです。

人と比べることでウジウジと悩んだり、気に病んだりしているよりも、刹那主義でいいとは言いませんが、僕のような年齢になったら、とにかくいまを楽しく生きることが一番だと思います。

「きょうも生きることができて幸せだった。明日も生きられるかな。もし、あさってても生きていられたらすごくラッキーだ」と思って、一日、一日を充実させて生きたほうが楽しいと思います。

若者に媚びても何も学べない

見ていると、いい歳をした中高年が妙に若い人に媚びているときがあります。

若い人を前にして若ぶっていると言い換えてもいいのですが、たとえば若い人たちとカラオケに行くと、「○○48」とか、「○○坂」とか、いわゆるイマドキの若いアイドルたちの歌を得意げに歌っているオヤジがいます。

あれは見ていて、実にみっともない。「おまえ練習してるだろ、どっかでこっそり」と、思わず揶揄《やゆ》したくなります。

僕は基本的に、若い人とはカラオケに行かないようにしています。みんなで盛り上がると、「先生、歌って！」と言われるのですが、そこで石原裕次郎の『恋の街札幌』でも歌おうものなら、まわりがシーンとしてしまいます。そんなこんなで若い人とカラオケに行っても面白くないので、なるべく行かないようにしています。仮に行くとしても、僕と同じような年齢の人たちと行って、昭和40年代歌謡縛りとか、御三家縛りとか、そういうことをやっていたほうが面白い。

若い人には、変に媚びないほうがいいと思います。

無理して付き合うこともないし、若い人に追いつこうと努力する必要もありません。だいたい背景として持っているものが違うのですから、若い人と合わせること自体が無理なのです。

たとえば本にしろ、映画にしろ、音楽にしろ、やはり感受性が強い10代後半から20

代のころに見たものの中に自分の「生涯ベストテン」が詰まっているものです。去年見た映画が生涯ベストテンの3位に入っているなどということはあり得ません。

そうしたものを楽しめばいいのです。何も若い人に合わせる必要はないし、若い人と付き合っていてもロクなことはありません（言い過ぎか？）。

しかし、それを露骨に態度に出しても若い人に嫌われるだけなので、そこは隠しておいたほうがいい。老いて拒まず、いつもニコニコ従わずで、若い人に対しては面従腹背くらいの気持ちで付き合うのがちょうどいいと思います。

むしろ僕が最近、興味があるのは、僕よりも年上の世代の人です。75歳とか、80歳くらいの人に、自分の将来の姿を見ている気になります。

たとえばゴルフ場で一緒になった年輩の方に「おいくつですか？」とたずねると、「77歳なんですよ」という答えが返ってきます。それを聞いて、僕もそこまでやれるようにがんばりたいと素直に思えてしまいます。

年上の人と付き合うことで、「この人のような歳のとりかた方がいいな」と思えるような、自分の数年先のサンプルを探す感じになります。これは面白いことだし、元気が出てきます。

歳をとってくると、自分よりも下の世代を気にし始めますが、下の世代と比べてしまうと、ほとんどのことで負けてしまいます。「元気でいいな。俺も昔はこうだったのに……」と、ついがっかりもするし、しなくてもいい嫉妬もしてしまいがちです。

それに対して自分より年上の人を見ると、「まだまだ大丈夫だ」と、元気をもらえます。ですから、60代の方なら70代の人と、70代の方なら80代の人と付き合えば、自分の生きる手本にもなるし、自分の将来を重ねることもできます。本当に学ぶことがたくさんあるし、こちらがその気だとわかると、向こうもいろいろな話をしてくれます。

若い人に媚びているヒマがあったら、年上の人に学んだほうが、生き方でも、考え方でも自分のためになります。

アンチエイジングなんてしても大差はない

最近はあまり聞かなくなりましたが、ひところ「チョイ悪オヤジ」という言葉が流行りました。

ちょっと不良っぽいところがあるカッコいいオヤジという意味だと思いますが、僕のような年代の男がいまさら不良を気取ったところで、疲れるだけです。

疲れるだけならまだしも、それが原因で思わぬケガをすることもあります。

売られたケンカは買わなくてはいけないというのが不良のプライドでしょうが、逃げられるケンカなら断然、逃げたほうがいい。

不良とまではいかなくても、男というのは変なプライドがあり、ちょっとイチャモンをつけられると、「何だ、この野郎」と言い返したい気持ちがどこかにあります。

でも、そんなことをしても、何にもなりません。

やはり、ケンカは避けたほうがいい。

「土下座しろ」と言われたら、土下座したところで損はありません。ボコボコに殴られて目の上を腫らしたり、歯が折れたり、はたまた傘で眼を突かれたり、あるいは電車のホームから突き落とされたりするのに比べたら、土下座なんてどうということはありません。

むしろ、そのほうが勇気のいることです。カッコ悪いとか、悔しいとか、そんな感情は捨てたほうがいい。

僕がまだ40代のころだったと思いますが、あるスナックで飲んでいたときに、歌の上手な美人ママから「誰か、デュエットお願いします」と言われたので、僕がその美人ママと肩を組んでデュエットをしました。おそらく、その美人ママに憧れていた男だと思うのですが、僕がトイレに立つと後ろからついてきて、「おまえ、何やってんだよ」と、いかつい顔で因縁をつけてきました。

「土下座しろ」と迫るので、これはやばいと思い、トイレの中でしたがかまわずに、

「どうもすいませんでした」と土下座しました。向こうが理不尽なことを言っているのはわかっていましたが、変に言い返しでもしたらえらいことになると思い、とりあえず土下座することにしたのです。

席に戻った僕は、それから先も何ごともなかったかのように、そのスナックでガンガン飲み続けました。その男は不思議そうな顔で、ときどきこちらを見ていました。おそらく、「こいつ、さっき俺に土下座したのに何ともないのか」と思ったのでしょうが、こちらは土下座くらい何ということもありません。

こういうときに相手を値踏みして、自分のほうが強そうだと思うと逆にケンカを吹っかける人がいますが、あれもやめたほうがいいと思います。体が小さくても、めちゃくちゃケンカが強い人がいて、下手をすると半殺しの目にあいかねません。

いい歳をして不良を気取ったり、ケンカを売ったり買ったりするのも、結局は自分を若く見せようということかもしれないし、自分が老いていくことに対する抵抗のようなものかもしれません。

自分が若くて元気がよかったころのパフォーマンスに対する幻想のようなものと言ってもいいでしょう。けれど、老いに抵抗しても無駄です。ケガをしたくないと思ったら、笑って老いを受け入れることです。

ですから、「アンチエイジング」などもやめたほうがいい。

そんなことをしたところで、1歳や2歳、若返った気になるだけで大した効果はありません。どうせ歳をとるわけですから、自然の成り行きに任せたほうがいいのです。

若いときのパフォーマンスを追い求めてはいけないということでは、以前、早稲田大学と慶應義塾大学の漫画研究会のOBたちで東京ドームができる前の後楽園球場を借りて、草野球の試合をしたことがありました。バーンとフライが上がったので、これは5mも下がれば簡単に捕れるだろうと思ったのですが、バックしているうちにボールが頭上を越えてしまいました。

イメージに足が追いついていかないのです。昔の若いころのイメージでいてはいけないということを、そこで自覚しました。

欲深さはあなたを惨めにするだけ

歳をとってから「金銭欲」や「名誉欲」などの欲を抑えられないようだと、人に嫌われてしまうし、人が離れていってしまう原因にもなります。まさに欲をかいたために、人間関係を失いかねません。

金銭欲が強い人は、いい生活がしたいとか、自分も金持ちの仲間になりたいという思いがあるのでしょうが、そのためには実力だけでなく、運なども大きく関係してきます。

ですから、無理をして金持ちになろうなどと思わないことです。

また、老後の生活が不安だからとにかく資産を殖やしたいという人がいますが、住む家があって、餓死しない程度に食べられればいいと割り切ることです。

そうしないと、せっかくあるお金まで失ってしまうことになりかねません。そのいい例が、いわゆる投資話に引っかかってしまうケースです。

欲をかいてだまされたというわけではありませんが、僕自身も一度、投資話で痛い目にあっています。「バブル経済のときと同様に、銀行がしつこいくらいに投資をすめてきました。長く取り引きがある銀行だったので、面倒くささも手伝い、その話についのってしまいました。

リーマンショックで一度、影響をこうむったのですが、それも何とか持ち直してきたかと思った矢先、今度は東日本大震災で大打撃を受けました。結果的に投資した額の半分を失ってしまいましたが、運が悪かったと言えばそれまでです。「天変地異が起こらない限り、絶対大丈夫です」という銀行側の話を僕が真に受けた結果、生じたことです。その天変地異が起きたのですから仕方ありません。

ですから投資も、するなら、よくよく考えてしなくてはなりません。

アメリカ人は持っているお金の7割を投資し、3割を預貯金に回すが、日本人はその逆だと言われます。でも、そのほうが正しいスタンスだと思います。

そのうえで歳をとってから投資をするのでしたら、「ハイリスク・ハイリターン」は避けて、「ローリスク・ローリターン」でよしとすべきです。そうしないと、持っているお金をすべて失ってしまうことにもなりかねません。もちろん正当な投資以前の、いわゆる「うまい儲け話」などはまともに取り合ってはいけません。

名誉欲などというものもまったく不必要なものだと僕は思いますが、こだわる人は相当、こだわるようです。

いわゆる高級マンションなどで起こりがちなのが、管理組合の会合などでのもめごとです。どこかの会社で取締役をした人とか、海外で支社長だったという人が理事などの役職に就くと、お互いにプライドがあって面倒くさいことが起きがちです。

軋轢を生む原因で多いのが、「かつて俺はこうだった」という類の昔の自慢話です。

しかし、昔のことはいざ知らず、いまはそんなことは関係ありません。同じマンションに住んでいるわけですから、かたや大工の棟梁だった人であろうが、かたや外交官として海外を渡り歩いた人であろうが、同じ住人として対等です。

過去の経歴を全部チャラにして付き合うくらいでないと、歳をとってから人間関係がうまくいきません。

過去の役職や肩書きなどは、いわば自分を飾るものです。そんなものにこだわってもしょうがありません。

若いころなら「支社長ですか。すごいですね」と、おだての一つも言われるかもしれませんが、歳をとったら「ああ、そうなの」で終わりです。

役職や肩書きと同じようなものに、学歴があります。世の中にはやたらと、「君はどこの大学なの？」と聞く人がいます。そういう人に限って、あまり名前を聞かないような地方の大学名だったりすると、その瞬間に「ふーん……」と言ったまま、蔑むような目を向けます。

よく東大卒の人にそういう人が多いと聞きますが、そうでもありません。どちらかと言えば、自分の学歴を隠したがります。むしろ中途半端にそこそこ名前が知られた大学に行った人ほど、学歴に対するコンプレックスのようなものが強いように感じます。

しかし、歳をとってきたら、そんなことはどうでもいいことです。

名誉欲でお腹がいっぱいになるわけでもありませんから。

第2章
嫌われない、無理をしない、引きこもらない

「まるくなる」のは、損ではない

歳をとって「まるくなった」と言われる人がいます。

その一方、歳をとったからといって「まるくなんかなっていられない」という人がいます。

はたして、どちらがいいのでしょうか？

結論から言えば、僕は「まるくなった」と言われたほうがいいと思っています。

50歳前後でまるくなったと言われたら、行動や洞察に鋭さが欠けてきたとまわりから見られているということですから、少しは気にしたほうがいいのかもしれません。

でも、60歳とか70歳になって、まるくならずにとんがったままなら、世間からの嫌われものになりかねません。嫌われるオッサンやジジイになるのが、一番損なことです。

たとえば、病気やケガで病院に入院しているとします。Aさんは人当たりが温厚で、看護師さんたちにも評判がいい。対するBさんはいつもとんがっていて、看護師さんたちにも敬遠されています。もし二人が同時に危篤になり、医師や看護師の人手が足りずに、どちらか一方しか助けることができないとなったら、どちらを選ぶでしょうか？

人情からいっても、Aさんを選ぶはずです。そうしたことからいっても、嫌われるオッサンやジジイになることは極めて損なことなのです。

まるくなるということは、何も媚びへつらうことではありません。少なくとも、人に嫌われるようなことはしないということです。

僕は漫画のネームなどを考えるときに、よくファミレスを利用するのですが、そこでウェイトレスさんに向かって「水くれ」とか、「おしぼり持ってこい」とか、横柄な口を利く人がいます。見てみると若い人ではなくて、決まって70歳や80歳のおじいさんです。

どうしてひとこと、「すいませんが、お水をもらえませんか」と言えないのでしょうか。あれでは嫌われるに決まっています。

嫌われることに関して、もう一つ気をつけるべきことは、自分ではそれと気づかずに嫌われるようなことをしていることがあることです。

僕はスーパーマーケットで買いものをするのが好きなのですが、レジでお金を出すときに、ひどく時間がかかる人がいます。

これは割と女性の高齢者に多いのですが、自分の番が来るまで、ただじっと並んで待っています。そして精算が終わり、たとえば３３６２円ですと言われてからおもむろに財布を出し、やっと小銭を数え始めたりします。いくらになるかわからないにしろ、せめて小銭だけでもあらかじめ用意しておけばいいのにと思ってしまいます。あれにはイライラさせられます。

僕は、ある程度、小銭を手のひらに用意しておいて、精算が終わったら小銭分をまず渡し、それから残りの３０００円を渡すようにしています。そうすれば時間もかからないので、後ろで待っている人もイライラしないで済みます。

こうしたことは、買いものをする際の一種の礼儀だと思います。そういうことを全然考えずに、何でもマイペースでやってしまうと、やはり嫌われる原因になります。

まるくなるということは、それほど難しいことではないし、卑下するようなことでもありません。要はまわりから嫌われないようにするということです。

禅の世界に、「閑古錐《かんこすい》」という言葉があるそうです。閑古錐とは、古くなって先が丸くなった錐《きり》のことです。

錐は先が鋭くとがっているからこそ道具として役立つものです。先が丸くなった錐など価値がないように思えるかもしれませんが、長い年月、働き続けて先が丸くなった錐には、ただ鋭いだけの錐にはない円熟した魅力があります。

歳をとって人間がまるくなるというのも、そういうことだと思います。人に迷惑をかけたり、嫌われたりしないように、できれば歳月を重ねた人ならではの円熟味を出したいものです。

この歳でできないことは「もうやらなくていいこと」

歳をとってくると、それまで意識もせずに簡単にできていたことが、段々とできなくなってきます。そのときに、どう考えるか。それも歳をとってからの時間を楽しいものにしていくために大切なことです。

結論から言えば、できないことを無理してやろうとしないことです。やってもいいのですが、それができなかったからといって、「俺はダメになった」と卑下するようなことだけはやめたほうがいいと思います。

どうも日本人には、多少の無理をしてもがんばることを良しとするメンタリティがあります。その結果、できないのは自分が劣っているからということになり、自分で自分を追い込んでしまいがちです。それで、ますます自分をダメにしてしまう傾向があります。

若いときの苦労は買ってでもしたほうがいいのでしょうが、ある程度、歳をとってきたら、無理にがんばる必要などないと腹をくくったほうが、精神衛生上もいいことだと思います。

中高年になってから一念発起し、カルチャースクールなどに通って勉強しようという人がいます。引きこもりにならないという意味では、そういうところに講義を受けに行くのもいいことですが、行ったからといってそれほど身になることはありません。チンプンカンプンで終わってしまうケースもあるし、お金を払って聞くまでの話ではなかったとがっかりしてしまう場合も少なくありません。

無理して勉強なんてしなくても、魚釣りでもしていたほうがいいと僕などは思ってしまいます。

「生涯、勉強だ」と意気込み、歳をとってからも勉強に励むような人を立派だと持ち上げる世間の風潮がありますが、僕は全然、そうは思いません。僕くらいの歳になってきたら、無理して勉強する必要などないと思います。いまから勉強して、いったい何の役に立てようというのでしょうか。

僕は若いころからの性分で、何の役に立つのかわからないことはやらない質でした。その最たるものが、高校の数ⅡBとか数Ⅲに出てきた対数とか、微分や積分とかです。あれは何に使うものなのか、いまだによくわかりません。高校生のときに、自分は将来、絶対これを使うような仕事に就くことはないと思ったので、数学の授業中は英語の単語を覚える時間にあてていました。将来使わないようなものは勉強してもしょうがないと、割り切っていました。実際、72歳の今まで一度も使ったことはありません。完全に無駄な勉強です。そのくらい合理的なほうでした。

無理してでもできないことをがんばるというのは、日本の教育の特徴です。日本の教育は、できない子どもがいると、その子どもに全体のレベルを合わせようとします。すると、できる子どもが退屈して勉強をしなくなり、段々とレベルが下がってきます。

できない子どもを引っ張り上げることも大切かもしれませんが、できる子どもをさらに伸ばすような教育のほうがこれからは大切だと思います。

それと並んで、全科目に均等して力を注ぐ必要もありません。

オタクのように一つのことに突出した能力があるのであれば、それを伸ばしてやるほうがいいと思います。人類の歴史を振り返って見ても、偉大な発明や発見をする人は往々にしてオタクであるケースが多いのです。

漫画家も完全なオタクと言えますが、ある部分だけ突出した能力があると、日本の子供社会はそれを歓迎するよりも、バランスが悪い人間だと揶揄して排除する傾向にあります。とにかく人を均質化しようとしますが、それはつまらないことです。

これからは嫌いなものは無理に勉強しなくてもいいので、好きなものに特化して勉強できるような環境や制度を整えて、むしろさまざまな分野でスペシャリストを養成していく必要があると思います。

話を元に戻しますが、真面目な人ほど無理してがんばって結果が伴わないときに、それがコンプレックスになってしまいがちです。歳をとってからのコンプレックスは、若いとき以上にこたえるものです。

ですから歳をとってからできないことが増えても、いちいち気にしないことです。

「できないものは仕方ないだろう」と開き直るくらいの気持ちでいたほうがいいと思います。新しい言葉の意味が覚えられないのは当然ですし、覚えていた言葉をどんどん忘れていっても、恥ずかしがることではありません。

それを情けないなどと思わずに、むしろ「老人力」がついたと思って喜ぶくらいでいいのではないでしょうか。

「さすがだな、俺も。何も覚えられなくなっちゃったよ」と、笑い飛ばすくらいでいいのです。それが歳をとったということであり、人間の自然の成り行きです。

自然に逆らってまで、無理してがんばる必要はありません。

疲れるほど運動するのは、もうやめよう

僕のような年代の人でも定期的にジムに通っているという人は結構います。

女性でも、ジムというほど本格的なところではありませんが、ストレッチ体操のようなものができるところに通っている人もよく見かけます。

僕はまだ現役で漫画家の仕事を続けていて、普段はスケジュールがかなりタイトなため、定期的にジムに通うような時間はありません。

その代わり、ゴルフは続けています。運動不足の罪滅ぼしというわけではありませんが、ゴルフコースを回るときはカートに乗らず、歩くようにしています。そもそも僕がメンバーになっている2か所のゴルフクラブは、どちらにもカートがありません。

そこで80歳を超えたような方が10㎞近く歩いてプレーしているのを見ると、「あぁ、自分も負けてはいられない」と思ってしまいます。

運動不足に対するあせりからかもしれませんが、かなりの年輩の方がジョギングしている姿を見かけることがあります。

僕の仕事場があるマンションの横が大きな公園になっていますが、どう見ても60歳を超えたような人が、ヘロヘロになりながら走っています。しかも、炎天下にもかかわらずです。

汗をびっしょりかいて、ゼイゼイ言いながら、それこそ死ぬような顔をして走っている姿を見ると、「やめたほうがいいのに」と思ってしまいます。

健康のため、運動不足解消のためと思ってやっているのかもしれませんが、あれはかえって体に悪い。

もし健康のためなら、ジョギングではなく、背中に軽く汗をかく程度の早歩きのウォーキングのほうがいいという専門家もいます。

また、一種のファッションなのかもしれませんが、スマホを持って、イヤホンをつけて走っている中高年がいます。若い人がやるならいざ知らず、歳をとった人がやるのは妙に若作りしているようで違和感があります。夜などクルマが後ろから近付いてきたのに気づかず、接触されて大ケガをしたという人もいます。

やはりイヤホンで音楽を聴きながら、ジムなどのランニングマシンの上を走っている人もいますが、僕から見れば、よくあんな退屈なことができるなと思ってしまいます。

あれはカッコいいのでしょうか？　そんなことをするなら、公園の中を普通に歩いたほうがいいと思います。

いずれにしろ、無理して運動なんかする必要はありません。かえって命を縮めることになります。

健康に関連したことですが、一人暮らしでいちばん怖いのは、急に倒れたりしたときです。知り合いや救急車を呼ぼうにも、携帯電話が手元になくて、そのまま事切れることがあります。

そういう場合に備えて、いまは高齢者用の様々な見守りサービスがあるので、そういったものを上手に利用するのも一つの方法です。

代表的なものとしては、家の中で人が生活するうえで動く動線上に人感センサーを取り付けておいて、その反応がなくなったらセキュリティ会社が駆けつけるといったものや、手軽に安否確認や居場所を把握できるスマホのアプリや、日常よく使う家電などに組み込んだセンサーを用いて、高齢者の様子を確認するサービスなどがあります。

その走りのような商品がスマホ回線に接続する無線機を内蔵した電気ポットです。ポットを使うたびに、その状況がシステムセンターに発信され、そこから家族に定期的にメールが自動送信されるようになっています。朝起きてから、その日一度もポットを使っていなければ、何かあったと思って駆けつけることができます。

そういった文明の利器やシステムを上手に利用することで、健康にまつわる一人暮らしの心配を減らしていくのもいいことでしょう。

決まり切った生活がだまされる隙を生む

男性よりも女性のほうに圧倒的に被害者が多いのが、いわゆる「振り込め詐欺」です。

かつてのオレオレ詐欺だけでなく、最近では還付金詐欺、架空請求詐欺、キャッシュカード詐欺など、振り込め詐欺の手口も多岐にわたっていますが、やはり歳をとってきたら大いに気をつけるべきことです。警察庁の調べによると、被害者の85%近くが65歳以上の高齢者となっています。

これだけ毎日のようにニュースなどで報道されているのに、振り込め詐欺で被害にあう人がなくならないのが不思議だと思う人もいるかもしれませんが、世の中にはニュースすら見ない人がいます（歳をとった人のなかにも若い人のなかにも）。

また、歳をとった人が振り込め詐欺に引っかかりやすい一因としては、日ごろのルーティンに縛られて暮らしている人が多いということが挙げられます。そのため、ちょっとした変化に対応することができないのです。

電話がかかってきて、「俺だよ」と言われたら、それだけで息子だろうと思い込んでしまいます。そこで「ケンシ、何？」と、名前でも言おうものなら、向こうの思うツボです。そのままケンシに成り済まして、お金を請求してきます。ちょっと声が違うと思っても、「風邪をひいている」と言われれば、それまでです。

詐欺とは直接関係ありませんが、歳をとってから日常的なことで失敗するケースが増えるのは、いままでやってきたことに固執するからです。何につけ、それまでのイメージが強すぎるのです。

たとえば電化製品やスマホなどで、ある機能を作動させようと思うと、ボタンを「長押し」しなければならないケースがあります。

しかし、それまで当たり前のように扱ってきた機器には長押しというものがなかったので、それにうまく対応できません。長押しという新しい概念を自分の動作に結びつけることができないのです。

交通事故も似たようなもので、交通事故を起こすのは、いつも通っている道のほうが意外と起こしやすいと言われています。いつもこうだからというので油断して、突発的なことが起きても対応できないのです。

あるいは、家に帰って、鍵を開け、玄関の電気をつけ、鍵を閉めるという一連の動作があまりにもルーティン化されてしまうと、どれか一つ狂っただけで、それにばかり意識が集中して、いままで当たり前にできていたその他のことがすべてできなくなってしまうということが起き得ます。

そうした一種の「慣れ」が、歳をとってくると一番の大敵になります。その慣れのなかにだましという要素が入ってくると、それを見抜けずに簡単にだまされてしまいます。それが振り込め詐欺です。

実は一度だけ、僕のところにも振り込め詐欺の電話がかかってきたことがあります。

古い知人の一人かと思い、一瞬、彼の名前を口に出してしまいました。「一郎か？」と聞くと、「一郎だ」と答えます。でも、その様子がどうもおかしいのです。

そこで振り込め詐欺だとピンと来たのですが、一応、「どうした？」と聞くと、「お金が急にいることになって……。実は女を孕ませてしまった」と言います。そこですかさず、「おまえにもうそんな能力はないだろう」と言って、ガチャッと電話を切りました。

最近、知らない道を歩きましたか？

中高年に限ったことではありませんが、生活をしていくなかで何となくサエないときがあります。

これといってはっきりした原因は見当たらないのですが、何となく元気がなく、何をやっても楽しくないというか、うまくいっていないような気がすることがあります。それは、一種のスランプのようなものです。

そういうときには、リセットするという意味で、思い切って何かを変えるとか、それまでやったことのないことをやってみてはどうでしょうか。たとえば、これまでは朝起きたらすぐに歯を磨いていたものを、朝食を食べてから磨くことにするなど、日々のルーティンをちょっと変えるだけでもリセットの効果があると思います。

少し大げさな言い方になってしまいますが、それだけで価値観やモノの見方が変わってきます。

クヨクヨしているときに星空を眺め、広大な宇宙に想いを馳せていると、アイツに50円貸したのに返してくれないとか、同じアジフライを頼んだのに隣の客のほうが大きかったとか、そういうくだらないことを忘れるのと同じです。

貸した50円やアジフライの話はさておき、寝る時間をちょっと変えてみるだけでも、考えようによっては大きな変革になります。

それまでは夜中の2時、3時に寝ていたものを、11時に寝るようにすると、朝、早く起きるようになります。そこで早朝の街を散歩してみると、これまで知らなかった世界が広がっていることがわかると思います。

僕がよくやるのは（時間に余裕があるときですが）、駅まで歩く際に、それまで通ったことがない道を歩くことです。

いつもは駅まで最短距離の道を通りますが、あえて遠回りすることがあります。すると、この辺りにはカッコいい家が多いとか、いまだに古い商店が残っているといった新しい発見があります。

それはちょっとした冒険、アドベンチャーのようなものです。これまで何十年も住んでいたのに、初めて知ったという新鮮な喜びを味わえます。

また、僕は人と待ち合わせをするときも割と早く現場に行きます。昼の3時に待ち合わせたら、家の中でグズグズしているよりも30分早く出て、2時半に待ち合わせの場所に着くようにします。そして30分間、その周囲をぶらぶらと探索することにしています。

すると、面白い発見があったりします。

たとえば先日、こんなお寿司屋さんを見つけました。1人前1100円のランチ握りが、1・5人前で1200円と、たった100円しか違いません。これには驚きました。そういう発見があるので、待ち合わせ場所に早めに着くのは楽しいものです。

マンネリやスランプを感じたら、そういうふうに新しい刺激を入れることです。歳をとってくると、どうしても頭が固くなりがちで、ちょっとした変化を思いつかなかったり、変化を受け入れることに躊躇したりしがちですが、思い切ってルーティンを変えてみることで、新しい世界が広がります。

繰り返しますが、その変化はちょっとのことでいいのです。あまり大胆に変えようとすると、かえってケガのもとになってしまいます。

やるべきことだけは粛々と……

習慣とマンネリは、表裏の関係にあります。

習慣があると、ものごとをいちいち考えなくて済むので効率的だと言えますが、それが先入観となって新しい状況に対応する力が落ちてしまいます。

また、習慣はマンネリ化を招き、刺激に乏しい日常になってしまう可能性がありますす。習慣がないのも問題ですが、習慣ばかりに頼ってしまうことにも問題があります。

とは言え、歳をとってきたら現実的には習慣があったほうが、生活の上では困ることが少なくなります。玄関の鍵などがそうです。鍵の置き場や鍵を置く手順を習慣にしておかないと、鍵を探しててんやわんやということになりかねません。家に帰って中に入ったら、まず玄関の横の下駄箱の上に置かないで、つい部屋のほうに持っていってしまうと、後でどこに置いたかわからなくなることがしばしば起こります。

同様に、モノは一度使ったら、必ず元にあったところにしまわないと、次に必要になったときに「あれっ、どこへ置いたかな？」ということになり、探すのにひと苦労します。下手をすると、一日中それを探す羽目に陥ることも。タンスの中なども、ここは下着、ここは靴下というふうに分けてしまわないと、一足の靴下を探すのにえらく時間がかかったりします。

一日だったらまだいいのですが、下手をすると何年も見つからないこともあります。去年買ったマフラーとか、シャツとか、絶対にこの家の中にあることは確かなのですが、それがどこにあるか、まったくわからないという事態がしばしば起きます。それが5年くらいたって、「あっ、こんなところにあった」と、ひょんなところから出てきたりします。

また、宅配便などで荷物が届いたときに、すぐに開けてしかるべき場所にしまわないと、段ボール箱を開けるのが面倒くさくなり、そのまま一週間、玄関に放りっぱなしという事態にもなってしまいます。とくにすぐに必要なものでない場合、そうしたことが起きてしまいがちです。

ですから歳をとってきたら、ある程度、習慣に従って行動しないと大変なことになります。

そうならないように、僕は最近、「粛々と」という言葉を唱えながら、ものごとに対処するようにしています。たとえば荷物が届いたら、あれこれ考えずに、その場で粛々と開けて、粛々としまうべき場所にしまう。

また、何かをやっているときに他のことに気をとられると、結果的にどちらもできなくなるので、一つのものごとに没頭すべきです。

途中で一旦、あれもしなければと思ってしまうと、そうだあれも、これもと、しなければならないことが枝葉のように分かれていって収拾がつかなくなり、最終的に何もしないで終わってしまうことになりかねません。

ですから、ものごとをするときには、一つのことを粛々と最後までやってから、次に取りかかったほうがいい。とにかく粛々と、粛々と……。

定年退職前に「やりたいこと」をイメージ

こんなデータがあります。

内閣府が2018年12月に40歳~64歳までの5千人を対象に行った「生活状況に関する調査」によると、いわゆる引きこもりの人は、全国に推計で61・3万人いることがわかりました。

なお、国の定義では、仕事や学校などの社会参加を避けて家にいる状態が半年以上続いた場合を引きこもりとしていますが、今回の内閣府の調査では、そうした精神保健でいう引きこもりに加え、趣味の用事のときだけ外出するといったことも引きこもりとしています。

引きこもりと言えば若年層の問題と思われがちですが、それは誤解や偏見であって、決して若者特有の問題ではないことがわかります。ちなみに2015年度に内閣府が行った調査では、15歳〜39歳の若年引きこもり者の数は54・1万人と推計されています。調査方法が一部異なるため、単純に比較できませんが、中高年のほうが若者よりも引きこもりの数が多いことになります。中高年に対する内閣府の調査では性別による結果も出ており、男性が76・6%で女性を大きく上回っています。

また、初めて引きこもった年齢では、60歳〜64歳が17%で最も多く、次いで25歳〜29歳が14・9%、20〜24歳と40歳〜44歳が12・8%となっています。引きこもりのきっかけ（複数回答）では「退職」が最も多く、「人間関係がうまくいかなかった」「病気」「職場になじめなかった」と続いています。

安易に結論づけることはできませんが、このデータからは、60歳〜64歳の男性で、退職を機に引きこもりになる人が少なくないということが読み取れます。この年齢での退職ということは、一般的には定年退職でしょうが、それを機に引きこもりになるのは、いわゆる「燃え尽き症候群」の一種かもしれません。

何かを達成したあとの抜け殻のようなもので、「もう何もしたくない」となってしまうのが一因だと思われます。

定年退職を機に燃え尽き症候群になってしまうのも、理解できないことではありません。

見方によっては、定年退職は社会的な存在としての自分がなくなることですから、そこから先、自分が生きていく意味とは何だろうと思い悩み、一種の抑うつ状態になるのかもしれません。

そうした抑うつ状態が、体調に影響を及ぼすこともあります。それまで仕事で忙しいうちは元気にやっていたのに、定年退職で会社を辞めたことを機に病気になり、パタリと倒れてしまう人もいます。おそらく気を張って生きていたものが一気に緩むことで、〝免疫力〟のようなものも弱くなってしまうのかもしれません。

そうならないようにするためにも、退職後に何もしないで一年、二年と過ごすのではなく、少なくとも退職してから半年くらいの間に、次にやるべきことに取りかかったほうがいいと思います。あまり間を置いてしまうと、ついついそのままになってしまう可能性があります。

そのためにも、次にやりたいことを退職してから考えるのではなく、退職する前から考えておくのが理想的です。何も細かく決める必要はありませんが、漠然としたイメージだけでも持っていたほうがいいでしょう。

細かいことは退職してからいくらでも時間があるので、そのときに詰めていけばいいと思います。

「行きつけ」をつくって1日1回外に出よう

人と会うのがわずらわしい、自分の居場所がない、精神的な病気を抱えているなどの理由で引きこもりになった場合は、それ相応の社会的なケアや対策が必要です。

そこまではっきりした原因がなくても、何となく外に出るのが億劫になり、そのうち引きこもりになってしまうというケースもあるでしょう。

とくに現代は、ゲームにしろ、インターネットコンテンツにしろ、一人で楽しめるツールやソフトがたくさんあります。そうしたものにハマってしまうと、あっという間に一日がたってしまいます。そのうち外に出るのが面倒くさくなって、引きこもりのようなことになってしまう危険性があります。

そうならないようにするために、ある程度、時間を決めて、1日1回は必ず外に出るようにしたほうがいいと思います。

1日3食あったとしたら、そのうちの1食はあえて外食にするというのもいいでしょう。そのときに行きつけの店でもつくれば、さらに外に出ていく強い動機づけにもなります。

なぜ行きつけの店があるといいかと言えば、そこで会話が生まれる可能性があるからです。お昼のピーク時には迷惑かもしれませんが、混雑が一段落した昼下がりに出かけていって、お店の人に「きょうも来ました」と話しかければ、そこから会話が生まれます。

よほど人と話すのが苦手だということでなければ、お店の人とはなるべく話をしたほうがいいかもしれません。お客さんが話しかけても、まともに応えないような店はロクな店ではありませんから、さっさと行きつけのリストから外せばいいでしょう。

僕は最近、仕事場の近くの喫茶店で漫画のネームやアイデアを考えることが割と多いのですが、そこにいつもやって来る、僕と同年代くらいのオジさんがいます。何をしている人かはわかりませんが、いつも書きものをしたり、読みものに目を通したりしています。

「また、あのオッサンがいるな」とチラッと見ていますが、彼の楽しみは喫茶店のカウンターの中にいる女の子に話しかけることです。女の子のなかには話しかけられて親切に対応してくれる子と、面倒くさそうにする子がいますが、それでもとりあえず店の女の子と話をするのを楽しみに来ているようです。

彼が一人暮らしかどうかわかりませんが、その喫茶店に出かけていって店員さんと話をすることが、彼にとっての一日のアクセントになっているような気がします。そんな習慣があれば、一人暮らしでも引きこもりにならずに済むと思います。

行きつけの場所は、飲食店とは限りません。僕は美容院で髪の毛を切ってもらっていますが、理容院でも美容院でも髪を切るところは結構、会話が成り立つところです。髪を切ってもらいながら、「最近、景気はどう？」とか、「東京オリンピック、どう思う？」とか、できれば美容師さんや理容師さんに積極的に話しかけたほうがいいと思います。

僕が行きつけにしている美容院は、仕事場から100mくらい離れたところにあります。オバちゃんがやっている少しオールドファッションな美容院なのですが、あるとき仕事場に行く途中、何気なく中をのぞいたら、岩国市の錦帯橋の絵が飾ってありました。僕は岩国市の出身なので、どうしてここに錦帯橋の絵があるのか不思議に思い、思い切って入ってみることにしました。

そこにいるオバちゃんに、「どうして錦帯橋の絵を飾っているのか？」と聞くと、「私、岩国出身なんです」という答えが返ってきました。すかさず「高校は、どこ？」と聞くと、何と僕と同じ高校なのです。年齢をたずねると、僕より1歳年上でしたですから、同じときに同じ高校にいたことになります。これにはびっくりしてしまいました。

偶然の出会いでしたが、それ以来、その美容院で髪を切ってもらっています。おいしいものが手に入ったり、田舎から何か送られてきたりしたら、手みやげに持っていくこともあります。向こうからいただくこともあります。「ほんじゃけ」とか、「うそじゃろ」とか、方言が通じるので話も弾みます。

自分の身近でこういう人間関係を築くことができれば、定年退職したり、一人暮らしになったりしても、引きこもりにはならないと思います。1日1回でいいので、そうした関係を楽しみに外に出ることをおすすめします。

第3章
気ままな暮らしのコツ、そしてひと手間

一人暮らし、料理をしないのはもったいない

一人暮らしはしてみたいが、料理ができないので無理だと思っている人がいるかもしれません。

僕から言わせれば、「何を言ってるのだ?」という感じです。

料理こそ一人暮らしの醍醐味であり、やってみると実に楽しいものです。

一人暮らしを充実したものにしたいのであれば、料理は絶対、自分ですべきです。

男が料理などできないというのは食わず嫌いと一緒で、単なる思い込みにすぎません。

僕自身は、若いころから料理が大好きでした。25歳のときに僕は漫画家を目指して、それまで勤めていた会社を辞めましたが、もし漫画家になれなかったら、料理人になろうと思っていました。ちょうど僕ら団塊世代の男たちが本格的な西洋料理を学ぶために、フランスやイタリアに修業に出かけている時期でした。

そうした方々が帰国して、いまや日本の西洋料理界の重鎮として活躍しています。もしかして、僕も会社を辞めてフランスあたりに料理を学びに行っていたら、いまごろはどこかのレストランのオーナーシェフになっていたかもしれません。「シェ・ヒロカネ」とか、何とか言って……。

学生時代に誰でも、小さな手鍋でインスタントラーメンくらいは作ったことがあると思います。その要領でいいのです。

いきなり難しいことに手を出す必要はありません。まずはインスタントラーメンから始めましょう。麺とスープだけのシンプルなラーメンでかまいません。最近のインスタントラーメンは驚くほどバラエティに富んでいて、味も下手なラーメン屋さんよりもよくできています。

それが満足にできたら、ちょっと冷蔵庫の中にある野菜を加えたり、ハムを切って入れたりしてみましょう。炒めた肉を入れたり、海鮮ものを加えたり、いろいろ工夫していけば、インスタントラーメンだけでも相当なレパートリーになります。

フライパンが一つあれば、野菜炒めも簡単に作れます。素材はキャベツと、モヤシと、豚肉があれば十分。フライパンに油をひき、素材を炒め、スーパーで売っている野菜炒めの素のようなものをチャチャッと振りかけたら、それだけで野菜炒めができます。しかも、近所の食堂で野菜炒め定食を食べるよりも断然、安い。

もう少し家庭料理的なものを作りたいと思ったら、カレーライスです。ジャガイモとニンジンとタマネギを乱切りし、豚肉（鶏肉でも、牛肉でもかまいません）と一緒に油で炒め、そこに水と市販のカレールーを入れてコトコト煮込むだけ。

市販のルーで物足りなくなったら、ココナッツミルクやコーヒーやチョコレートなどを加えて自分なりに工夫をすれば、オリジナリティにあふれたスペシャルなカレーができあがります。それがまた実においしくて、まさにオンリーワンの味です。

一人暮らしを楽しみたかったら、料理はマストです。

一人だからといってコンビニやお弁当屋さんの弁当ばかりでは、健康的にも経済的にもよくありません。自分で料理を作ると、近所のスーパーや商店街に素材を買いに行くだけでも結構、運動になります。スーパーのレジの人とも顔馴染みになれます。

最後に一つ、アドバイスするとすれば、包丁は多少高くてもいいものを買ったほうがいいと思います。その包丁の切れ味を試したくなって、つい料理にも力が入ります。それまで料理をしたことがない男が一人暮らしで料理を始めたいと思ったら、まずカタチから入るのも一つの方法です。

また最近は、自治体や電気会社、ガス会社などの主催による「男の料理教室」のようなものが開催されていることも多いので、そうしたところに通うのも料理に親しむきっかけになると思います。

料理の段取りで、脳も財布も得をする

料理は頭を使います。つまり脳を活性化するには最適です。

たとえばスーパーに行くとします。野菜売り場をのぞくと、旬のナスがザルに山と積まれ、安売りになっています。「よしっ、きょうはナスにしよう！」。家に帰ってきて、このナスで何を作ろうかと、まず考えます。煮浸しもいいし、焼きナスにしてもいい。あるいは単純にみそ汁に入れてもいいし、カレーに入れてもおいしそう。頭の中に、次から次とナス料理が浮かんできます。

切り方一つとっても、いろいろと考えます。煮浸しなら縦に二つ切りにして、斜め十字に包丁を入れます。焼きナスなら丸のままでいいのですが、フォークや箸で突いておけば、火の通りが早くなるし、焼いた後で皮をむくのにも便利です。みそ汁やカレーなら輪切りがベターです。

ことほど左様に、素材と作る料理によってさまざまな切り方があります。また、煮る、焼く、炒める、揚げる、蒸す、生のままなど、調理法も実にさまざまです。

そうした要素を頭で組み合わせながら行うのが料理なので、脳の衰えを防止する効果が高いと、脳科学者なども推奨しています。

さらにタイミングを見計らって、時間のかかるものから火を通したり、あっちを煮ている間にこっちを切ったり、煮えるまで手が空いたら、ついでに洗いものを済ませたりと、段取りが必要になってきます。

仕事で現役だったころ、段取りよく働くことが求められたはずです。それと同じです。ですから男は本来、料理に向いているのです。プロの料理人に男性が多いのもうなずけます。

料理が脳の活性化に効果があるのも、段取りを考えながらいちどきにものごとを処理しなければならないからです。脳がもっとも活性化するのは、いろいろなことを同時に処理しなくてはいけない同時並行処理的な状況に置かれたときだとされています。料理は、まさにその典型です。

自分で料理を作ることで、経済観念も鍛えられます。スーパーに行って、いまダイコンの値段がどれくらいなのか知るだけでも、物価について見る目が養われます。それが節約にもつながります。こういうことは新聞の株式市況を漠然と眺めているだけでは身につきにくいものです。

1か月、1万円の食費で暮らすことをゲーム感覚で楽しんでみてはいかがでしょうか。そんなことは無理だと思うかもしれませんが、1か月に食費が1万円だとすれば、単純計算で1日約330円になります。お米は別だとしても、1日300円の副食費があれば、スーパーの特売品などを中心に料理を作れば、1日3食食べても十分に暮らせます。

ダイコンは安いときだと1本120円くらいで買うことができます。それを買ってきて、まずは皮を厚めに剝き、それを細切りにしてゴマ油で炒めれば、きんぴらができあがります。あるいは同じものを市販の塩コンブと一緒にジップロックのような袋に入れて冷蔵庫に入れておけば、立派な浅漬けになります。長くもたせたかったら、塩を少し多めに入れます。

ちなみにダイコンを買うときは、葉っぱが付いたままで買うようにしてください。葉っぱを捨てるのは、極めてもったいない。ダイコンめし、みそ汁の具、浅漬け、ジャコや煮干しとの炒めものなど、ダイコンの葉っぱは実に用途が広いのです。

ダイコンの葉っぱに関しては、以前、こんなことがありました。スーパーで野菜を見ていたときに、若い奥さんがダイコンの葉っぱをバッサリ切り落として買っていました。

僕はもったいないと思ったので、「すいません。その葉っぱ、もらっていいですか」とお願いしたところ、「どうぞ」と言ったのですが、そのときの僕を見る目が、いかにもみすぼらしいオヤジを見るような目でした。「ありがとう」とお礼を言ってその葉っぱをいただいたのですが、「これは炒めるとおいしいんだよな」と独りごとを言うと、その奥さんはイヤそうな顔をして、僕の前からそそくさと立ち去っていきました。

話を戻しますが、これでもまだ、肝心のダイコンの芯の部分は使っていません。芯は煮物やおでん種、ダイコンおろし、炒めものなど、これまたいろいろな料理に使えます。ちなみにダイコンを煮物にするときは、一度、油で炒めてから煮ると、味がよく染み込みます。

こういうことは近所の図書館に行って料理の本を借りてくれば、いくらでも載っています。『弘兼流60歳からの楽々男メシ』という僕が書いた本もあるので、それを参考にしていただいても結構です。料理に関する実践的な工夫や知恵が載っています。

洗濯・掃除はひと手間で済む

料理と並んで一人暮らしの家事の基本となるのが、洗濯と掃除です。

言うまでもないことですが、洗濯や掃除は、昔は大変でした。電気洗濯機と真空掃除機が三種の神器と言われたことからも、その大変さがわかります（ちなみに、もう一つは電気冷蔵庫です）。

しかし、洗濯に関しては、いまは洗いから脱水まで全自動が当たり前で、さらにそのまま乾燥までしてくれる洗濯機も珍しくありません。もはや洗濯に関しては、干すだけというのが一般的です。これなら誰でも簡単にできます。

ただ、洗濯ものを干すときにはちょっとしたコツがあります。洗濯機から取り出したままのシワシワの状態で干してしまうと、乾いたときにシワシワになってしまいます。

とくにシャツなどがそうなのですが、シワにならないためには、干すときに襟や袖、裾などを軽く引っ張って整え、両手でパンパンと叩いてから干すと、乾いたときにシワにならずにパリっと仕上がります。実際にやってみると、その仕上がり具合がうれしいというか、楽しいものです。

僕は洗濯バサミがぶら下がったピンチハンガーでパンツや靴下を干していますが、このときもちょっとした楽しみがあります。ピンチハンガーが傾かないように、左右のバランスを考えながら干すようにしています。靴下をこっち側に1足干したら、もう一方の側にも靴下を1足、パンツを右のこちら側に干したら、反対の左側の同じような位置にもパンツといった具合に、左右で傾かないようにバランスを考えて干します。これがまた、天秤でバランスをとるようで面白いのです。

洗濯の延長としてアイロンがけがありますが、これも昔はアイロン台を用意して、襟や身頃がシワにならないようにするなど、かなり面倒でした。でも、いまはハンガーに吊るしたまま、スチームを噴射するだけの簡単なアイロンがあります。あれは実に便利です。あっという間にシワがとれます。

掃除は、掃除機の性能を云々するよりも、心がけや習慣のほうが大切です。それがなければ、どんなに性能のよい掃除機を買っても宝の持ち腐れです。

掃除のポイントは、汚れる前に掃除をするということです。汚れたら掃除をしようと思っていると、いざ汚れたときに掃除をする気がなくなってしまいます。

たとえば仕事場から家に帰るときに、明日来たら片付けようと思ってそのままにして帰ってしまうと、次の日来たときには、昨日散らかしたものを最初に片付けるのではなく、とりあえずそれを脇にどけて仕事を始めてしまいます。この「脇にどけて」の作業を繰り返すうちにスペースがなくなって、最後には片付けるのがイヤになってしまいます。

僕は、汚れたり、散らかしたものは、なるべくその日のうちに片付けるようにしています。コマーシャルのコピー風に言うなら、「きょうの汚れは、きょうのうちに」

というのが掃除のコツです。

さらに家の中が散らからないようにするには、なるべくものを増やさないことです。何かを買ったら、何かを捨てること。

もし、それほど広くないアパートなどで一人暮らしをする場合、ジーンズを1本買ったら、その1本分のスペースが確実に埋まると考えるべきです。ジーンズ1本くらいどうってことないと思ってしまうと、あっという間に部屋が散らかってしまい、掃除をする気がなくなってしまいます。その行く末がいわゆる「ゴミ屋敷」や「汚部屋」と呼ばれる状態です。

ですから、買ったものと同じ量のものを、どこかで捨てなければいけません。ジーンズを1本買ったら、ジーンズを1本捨てる。まだはけるだろうと思って躊躇していると、どんどん積み重なっていきます。

日本には節約や倹約、あるいは「もったいない」という美徳がありますが、それが高じてゴミ屋敷になってしまってはどうしようもありません。とくに歳をとってからの一人暮らしでは気をつけたいものです。

お酒は自分の適量を維持すべし

もし、あなたがお酒好きな人だとしたら、一人暮らしでは酒量に気をつけるべきです。

一人だと誰も注意してくれる人がいませんから、ついつい飲み過ぎてしまうことがあります。すると体をこわしたり、アルコール依存症や急性アルコール中毒になったりする危険性があります。そこは自分できちんと抑制しなければなりません。

僕は、家で飲むときの量を決めています。

ワインの場合はボトル半分までで、それ以上は飲まないようにしています。ワインのボトルを1本空けてしまうと、日本酒換算で4合ということになりますから、これは飲み過ぎです。それで足りないなと思ったら、ブドウなど果物類を手元に置いておいてつまんでいると、そのうち眠くなってきます。

日本酒は、1合半に少し足りない250ccまでにしています。バカラの大きなグラスがあり、ちょうど250cc入るので、そこになみなみついで、それ以上は飲まないようにしています。

ビールの場合は、缶ビールのロング缶が1本ですが、これではちょっとものたりないときがあります。そうかといって、缶ビール2本では多い。そこで僕がとっている作戦は、最初に缶ビールをクーッと半分くらい飲んだら、残ったビールに焼酎やウイスキー、あるいはワインを注ぎ足します。そうすると、ちょうど250ccの日本酒と同じくらいのアルコール度数になります。変な味と言えば、変な味ですが、寝酒ですからそれでかまいません。

どの酒にするかは、その日のつまみに合わせてチョイスしています。たとえばイクラのような場合は、ワインやウイスキーではなく、日本酒を選ぶというように。

酒は、だいたい毎日飲んでいます。いわゆる「休肝日」は、ゼロです。

そんな生活を10年ほど続けていますが、毎年、人間ドックを受診しても、中性脂肪が少し高めなのと、前立腺の異常を示す値がマーカー1くらいで、それ以外はいたって正常です。肝臓の数値も基準値からはみ出したことは一回もありません。アルコールの適量を守っているからだと、自分で勝手に思っています。

ただ、困るのは外で飲食する場合です。そういうときは適量を超えてしまいます。たとえば仕事仲間と中華料理を食べに行き、そこから真っすぐ家に帰ればいいのですが、途中でタクシーを止め、昔なじみのバーを2軒はしごするなどということが起きてしまいます。そうなると明らかに飲み過ぎです。

怖いのは、最近、ときどき記憶がなくなることがあることです。昔はそういうことはなかったのですが、それなりに飲んだ翌日に財布を開けてみると、行った覚えのない飲み屋さんの領収書が入っていたりします。当然、行ってもいない店の領収書が財布に入っているわけがないので、行ったという記憶がないだけです。必死に思い出そうとしても、どうしても思い出せません。

正直言って、これはちょっと怖い。そのたびに「気をつけなくては」と反省しています。

反省ついでに言えば、飲み過ぎた後で乗ったタクシーでも似たようなことが起こります。

銀座や六本木などの都心で飲むと、家までは深夜料金でも9000円程度なのですが、それがときどき1万2000円を超えているときがあります。運転手さんが道を間違えたのか、遠回りをされたのか、それさえわかりません。というのも、タクシーですっかり寝入ってしまっているからです。

1日3食を守らなくていい

歳をとってきたら、さまざまな「欲」とどう付き合っていくのかが大事なことになってきます。

一般的には、歳をとると欲はだんだん衰えていくものと言われていますが、たしかにその通りだと思います。食欲、性欲、睡眠欲が人間の三大欲求だとされていますが、どれも確実に衰えていきます。

食欲に関して言えば、僕自身も昔は結構、食べるほうでした。

でも、いまはフランス料理のレストランに食べに行っても、シェフには申し訳ないのですが、コースのメインのお肉が食べられないということがあります。これはパン好きだということも関係していますが、最初に出てきたパンをオリーブオイル等をつけてつい食べ過ぎてしまうのです（お腹が空いているということもありますが）。お寿司をお任せで食べていても、後半になるとお腹が苦しくなってきて、最後のアナゴやタマゴはパスすることがあります。

歳をとると、どうしても食が細くなり、1日3食を食べないと健康のために悪いのではないかと気に病む人がいますが、そんな心配は必要ありません。「朝食は抜かないようにしましょう」とか、「1日3食きちんと食べましょう」とか、よく言われますが、育ち盛りの子どもや若い人ならいざ知らず、歳をとったら必ずしもそれに従わなくていいのです。

朝食を食べると、かえってお腹の調子が悪いという人は無理に朝食を食べる必要はないし、1日3食も食べられないという人は、2食でも、はたまた1食でもいいのです（ちなみにこれを「一日一膳」と言います）。そこは自分で調節すればいいと思います。

僕自身、仕事場でアシスタントたちと一緒に仕事をしているときは、ある程度決まった時間に食事をします。

でも自分一人でいるときは、自分のお腹に相談して、どうしても食べたいと思わなければ、昼の3時や4時がその日の最初のごはんということがあります。そこから仕事を再開すると、次に食べるのが夜の10時くらいになることがあります。こういうときは1日2食で済ませてしまいます。

食べたいときに食べる、お腹が空いたときに食べるというのが、僕は一番いいと思っています。そのほうが人間の生理にかなっている気がするし、それでいいというお医者さんもいます。

この、食べたいときに、食べたいものを食べられるというのが、一人暮らしのよさです。

家族や同居者がいると、お腹が空いていなくても、お昼になって「ごはんよ」と声をかけられたら、「いまは食べたくない」などと口に出しづらいものです。また、当然のことですが、家族と一緒だと、自分が嫌いな食べものも出てきます。魚が食べたいと思っても、肉が出てきたりすることが往々にしてあります。

食べたいときに、食べたいものを、食べたいだけ食べるというと、「それでは栄養のバランスがよくない」、「体によくない」と言われたりしますが、自分が好きなものを好きなタイミングで食べるほうがストレスなく、かえって体にいいのではないでしょうか。老い先が短いことを考えれば、栄養を重視して、ストレスをため込むことのほうが問題だと思います。

ただし、そのときに注意したいのは、一気に大食いしないことです。それは肥満の原因になるし、胃腸に負担をかけることにもなります。

太らない理想的な食べ方は、小分けにして食べることです。自分で1回に食べる量を把握しておいて、最初にその半分の量を食べて、残りはそれから3時間後とか、4時間後に食べる。そのようにすれば、いつも満腹状態で、一気にドカ食いをするとか、寝る前にラーメンを食べたくなるなどということがなくなってきます。

小分けにして食べるときに、途中でお腹が空いたら、おやつ代わりにナッツのようなものを2、3粒食べれば、それで空腹を満たすことができるようになります。

欲の中身は変わってくる

歳をとってくると、だんだんと睡眠欲が衰えるというか、長い時間、眠ることができなくなります。

寝るにも体力がいると言われますが、まさにその通りです。でも、無理して7時間とか、8時間とか寝る必要はありません。夜に3時間くらいしか眠れなくても、昼間になったら眠くなりますから、そのときに昼寝をすればいいのです。小刻みに寝れば、睡眠不足はカバーできます。

性欲もまた、歳とともに減退していくのが普通です。でも、性欲がまったくなくなるというわけではありません。女性に対する興味がなくなるわけでもありません。

むしろ性欲に関しては、歳とともにその中身が変わってくると言ったほうが正確かもしれません。僕くらいの歳になると一般に女の人と一緒にいても、いわゆるセックスまでしなくてもいいと思うようになります。

会話をしたり、手をつないだり、性器の挿入をともなうような情熱的なセックスではなく、いわばスキンシップやコミュニケーションの延長としてのセックスです。そのほうがお互いに害もなければ、トラブルにも発展しません。

そもそも肝心の男性機能のほうが、個人差はありますが若いときのようにはいかないでしょう（笑）。

ですから女性と一緒に飲みに行っても、若いころとは違い、何とか口説き落とそうなどとは思わなくなります。一緒に飲んでいるだけで十分、楽しいものです。

その楽しさの根底にあるのは、女性を相手にしているということから来る一種の緊張感です。

それは、広い意味での性的な関係と言えます。

若いときに性的な関係というと、いわゆる性行為（挿入）をともなうものですが、僕のような歳になると、一緒に山に登るとか、カラオケに行くとか、映画に行くとか（映画はかなり親密な関係だと思いますが）、そういう関係でも性的な関係と言えます。逆に言えば、決して一線は越えないが、それでも性的な関係を楽しめるのが僕たちの年代だということになります。

しかし、それも一人暮らしだから気兼ねなく楽しめるというものです。たとえば奥さんと一緒に住んでいるとか、旦那さんと一緒に住んでいるとなると、そういう性的な関係をエンジョイすることもなかなか難しいでしょう。

一緒に映画にでも行こうものなら、「どうしてあんな男と映画に行くんだよ」と目くじら立てて怒る旦那さんや、「あなた、あの女に気があるんじゃないの？」と嫉妬の炎をメラメラと燃やす奥さんが絶対います。

これは僕の実家の話ですが、父親が70代半ばくらいのときに、カルチャーセンターの版画教室に通っていました。あるとき、その版画教室で一緒の一人の女性から年賀状が送られてきました。それを見て、70歳を超えた母親がヤキモチを焼き、「誰、この女の人？」と、父親に問い質《ただ》していました（笑）。

それはさておき、一人暮らしということは、その関係の中身が違ってくるとは言いながらも、異性と気楽な交際がしやすくなるということです。配偶者と一緒だと、そういうわけにもいきません。

繰り返しになりますが、一般的には60歳や70歳を超えたら性的な能力や機能が落ちてくるのは致し方ないことです。僕らの世代で彼女がいるという人のなかには、バイアグラなどのＥＤ（勃起不全）治療薬を使っている人が結構いますが、よく聞くと、そうした薬もだんだん効かなくなるようです。それが自然な流れなのでしょうから、変な抵抗はしないほうがいいかもしれません。

別に不倫をすすめるわけではありませんが、一人暮らしの場合なら、そういう機会もあるでしょう。性機能的に元気な人は、周囲や相手に迷惑をかけない限り、どんどんセックスをエンジョイしていただくのもいいのではないでしょうか。でも、そこまで行かなくても、異性とは楽しく過ごすだけで十分だと思います。異性と会ってときめいたりしていると、ナチュラルキラー細胞（NK細胞）という免疫細胞が活性化するそうですから、健康のためにもいいことでしょう。

お金でモテるのはつらいよ

以前、休日に東武東上線だか、西武池袋線だかに乗っていたときのことです。70代だと思われる老紳士がいて、その横にやはり同年代で、若いころはきれいだったろうと思わせるちょっと色っぽい感じの女性が座っていました。

どう見ても、夫婦には見えません。こちらの勝手な憶測ですが、その男性には家庭があり、女性はおそらく長い間の愛人で、なんやかんやでずっと切れないまま付き合ってきたという感じです。その二人が、休日にどこかへ出かける途中という感じでした。

もちろん真相がどうかはわかりませんが、横目で観察していると、男のほうがつらそうに見えました。もしかしたら男性は優しい人で、長く付き合ってくれた女性との関係を切るに切れないのか、それとも女性がことを公にするのを恐れて、そのままズルズルと関係を継続しているのか、そんなことをいろいろ考えました。

そういう目で見ているからかもしれませんが、余計、男のほうがイヤがっている雰囲気が伝わってきます。二人で話していても、女性のほうはずっと男の顔を見てしゃべっているのですが、男性のほうは一切、女性の目を見ようとしません。

そんな二人を見ながら、歳をとって男女のしがらみが切れないのも大変だなと思ってしまいました。

何が言いたいのかというと、女性にモテることが、はたして男にとっていいことばかりだろうかということです。

「何を言ってるんだ、モテるに越したことはないだろう。現に島耕作だってモテるじゃないか」と反論が聞こえてきそうですが、そう簡単にいいことだと言い切れるものでもないような気がします。

いまはもう亡くなってしまいましたが、かつて艶福家として知られた往年のスター歌手がいました。仮にAさんとしておきます。

いろいろな女性を渡り歩き、最期も複数の女性に囲まれて亡くなったらしいのですが、その間、別れるたびに女性たちに手切れ金を渡したため、結局、最後にはお金が無くなり、付き合う女性たちから養ってもらっていたそうです。モテる男のなかには、そういう人もいるでしょう。

ですから女にモテたからといって、いいことばかりとは限らないと思うのです。歳をとると、財力が乏しくなってくるのが一般的ですから、とくに金銭がからむような関係の場合、女性にモテることはかなりの負担になると思います。

とはいえ、まったくモテないよりは、少しはモテたほうがいいというのもわかります。それはいくつになっても変わらないことかもしれません。そう思っている人は、歳をとってから女性にモテるにはどうしたらいいか、考えておくべきでしょう。

弾む会話は「自慢なし、でもオチはある」

歳をとっても女性にモテたいと思ったら、まずは清潔感を心がけることです。知り合いの女性たちに聞いても、清潔感が一番のポイントだと口をそろえて言います。

清潔感というのは、高価なブランドものを着ているとか、おしゃれであるといったこととは直接、関係ありません。単純に言えば、髪やヒゲなどを含め、見た目が小ざっぱりしていて、そばに寄っても臭くないということです。

ですから、別にお金をそれほどかけなくても、心がけ次第で清潔でいようと思えば清潔でいられます。そう難しいことではありません。

モテるためには、話題が豊富で、話が面白いという要素も大切です。

会って話をしても、毎回同じような話をしているのでは飽きられてしまいます。相手が興味を持ちそうなことをあらかじめリサーチしておき、それに関する話題をいくつか仕入れておけば、今度会ったときはどんな面白い話をしてくれるかという期待から、続けて会ってもらえるようになります。

話がつまらない人は、会っていても、一緒にごはんを食べていても退屈です。早くこの退屈な状況から逃れたいと思ってしまいます。話がつまらない人の典型的な特徴として、話にオチがないことがあります。一生懸命話しているので、つい耳を傾けるのですが、最終的に何が言いたいのかよくわからない人がいます。「それで？」と聞き返すのですが、これといった結論（オチ）がありません。思わず内心で、「ここまで聞いて損した」という気分になってしまいます。話にはオチがないとつまりません。

その点、話が面白いのは大阪の人に多いです。どうということのない話でも、最後にオチをつけることで面白い話にしてしまいます。幼いころから吉本や松竹のお笑いを見て育つ文化的背景があるからかもしれません。大阪で暮らしている僕の姪もそんな一人で、自分の父親の死期が迫っているというのに、その前でギャグを連発して、みんなを笑わせたりします。

話を面白くする才能に関しては、やはり大阪の人にはすごいものがあると感心してしまいます。

自分の自慢話ばかりする人も、はっきり言ってモテません。これは男女の関係に限らないことで、同性同士でも同じです。

自慢話ばかりする人のなかには、自分のことではなく、親戚や知人の自慢話をする人がいます。「うちのいとこは東大卒で、会社の重役なんだけど」とか、「俺の友だちで、こういう社長がいる」とか、聞かされるほうとしてはたまったものではありません。

しかも、その自慢話によって、その親戚や知人を持ち上げるならまだしも、「いまは出世しているけど、昔は俺よりダメな奴だった」とか、「あいつは運がよかっただけ」とか、結果的にその人をけなしている場合が少なくありません。

結局、そういうタイプの人は、人の威を借りて、自分を少しでも大きく見せようとしているだけです。そこに虚栄心や見栄のようなものを感じて、情けなくなってきます。若いうちならそれもご愛敬で済みますが、歳をとってからそれではみっともないと思います。

モテたいと思ったら、一方的に自分のことばかり話すのではなく、相手の女性の話も聞いてあげなくてはいけません（たとえ、つまらない話だったとしても）。

さらに付け加えれば、女性にあれこれ要求したり、注文を出したりするような小うるさい男、しつこくつきまとうような執着心の強い男もモテません。

さてどうでしょう、やっぱり女性にモテたいですか？

一人暮らしは楽しい時間しかない

一人暮らしは退屈するのではないかという人がいますが、僕に言わせれば天が落ちてくるのを心配するようなものです（つまり杞憂《きゆう》ですな）。

僕はいまも現役で仕事をしているのでなかなかそういう時間がもてませんが、もし仕事をしていなかったら、プラモデルを作っているかもしれません。

一人暮らしになったら、子どものころに好きだったこと、夢中になったものにもう一度取り組んでみるのも楽しいと思います。僕が子どものころに好きだったのは、模型飛行機です。模型飛行機といっても、ラジコンやプラモデルではありません。いまもそのキットがありますが、竹ひごやニューム管などをつないで作った機体にトレーシングペーパーのような薄紙で翼を張り、ゴムシャフトでプロペラを巻いて飛ばすものです。校庭や原っぱで、仲間とよく飛ばしました。滞空時間を競う競技会があり、優勝したこともあります。

プラモデルは僕の小さいころはまだ登場していなくて、木製キットでした。木を削り、サンドペーパーで磨いて形を整えるのですが、その木製キットで戦車や飛行機などを作りました。そのうちプラモデルが登場してきましたが、その精巧さに驚嘆したものです。

竹トンボにもハマりました。ご存知のように竹トンボは両手で撚《ひね》って上に飛ばすだけのおもちゃですが、羽根を削るときに工夫が必要です。削る角度によっては、ものすごくよく飛ぶものと、あまり飛ばないものができてしまいます。

その研究をしているおじいさんが近所に住んでいて、そのおじいさんが削ったものはものすごくよく飛びました。それをもらって、みんなで羽根の角度をまねしたものです。

でも、いまから考えると、おじいさんといっても当時、まだ50歳くらいではなかったかと思います。

最近は50歳程度では誰もおじいさんとは思いませんが、当時は50歳といえばおじいさん。あの『サザエさん』の波平が54歳、フネが50ン歳という設定なのですから。

仕事をしているということもあるでしょうが、僕はほとんど退屈するということはありません。

というか、もし空いた時間があると、必ず何かしていなければ我慢できない性分です。子どもがまだ小さかったときに家族旅行でハワイに行きましたが、あのときはすることがなくて本当に退屈しました。ホテルのプールサイドやビーチに寝そべって、ボーっと一日、日光浴をするというのに耐えられませんでした。こんな時間があったら他に何かできるだろうとイライラしたほどですから、超貧乏性と言えるかもしれません。

ただし、魚釣りは大好きです。あれはボーっとしているように見えますが、いつ魚がかかるかという緊張感があり、少しも退屈ではありません。釣り糸を垂れ、1時間くらい川面や釣り竿の先を見つめていてもまったく飽きがきません。

釣りに関しては、僕はキャッチ&リリースなどというマネは絶対にしません。魚が釣れたら、どう料理して食べようかと考えながら、釣り糸を垂れます。釣った魚は、どんなにまずい魚でも食べます。フナなどの川魚は泥臭いのですが、それでも泥を吐かせるなど何とか工大して食べます。そういう意味では、子どものころから野生児です。


屋外に出るのがあまり好きではないので、家の中にいると退屈ではないかという人に対しては、インターネットのYouTubeの音楽配信がおすすめです。ラジオでもいいのですが、最近は局のディレクターなどが僕よりもかなり年下なせいもあり、僕が昔好きだったような音楽がかかることはめったにありません。

その点、YouTubeには昔の曲がいくらでもアップされていて、検索すればどんどん出てきます。「園まりベストテン」とか、「伊東ゆかりベストテン」とか、「奥村チヨベストテン」とか、もう聞き放題です。しかも、タダ!

さらに、どれかを視聴すると、それに関連した曲が横にずらりと出てきます。それをクリックすればいいだけ。「あっ、この曲もあった」、「あっ、こんな歌手もいた」と、ノスタルジーてんこ盛り状態です。

しかも、単なるノスタルジーだけではなく、興味の対象がどんどん広がっていきます。僕は最近、ジャンゴ・ラインハルトというギタリストの曲をＹｏｕＴｕｂｅでよく聴いていますが、それを聴いているとジプシー系の曲が横に出てきます。それを次々にクリックしていくうちに、最後には「あれっ、これはどこから始まったんだっけ？」と、元に戻れなくなったりします。それがまた楽しい。ＹｏｕＴｕｂｅは本当に便利で、一人暮らしには欠かせないメディアです。

退屈な人と付き合う理由はない

世の中にはどうしようもないくらい退屈な人間がいますが、そういう人と付き合うくらいなら、逆説的ですが、一人で退屈しているほうがいいかもしれません。

困るのは、そういう人でも最初から退屈だったというわけではないことです。以前は面白い人だと思っていたのに、歳をとるにしたがってつまらない人間になってしまう人がいます。

いろいろな事情や要因があると思いますが、一つの要因としては、歳をとってものごとに対して悲観的になってしまうということがあるかもしれません。とくに健康や家計などに不安があると、どうしても厭世《えんせい》的というか、ペシミスティックになってしまいます。そういう人と一緒にいると、こちらにまでその気持ちが乗り移ってきて、気が滅入ってしまいます。

それと反対に、歳をとってからも面白くて魅力的なのは、お茶目で、ちょっといたずら心のあるような人です。これは、男性でも女性でも変わりありません。

あるメディア系グループの代表を務めたこともある人ですが、その人が関係会社の社長をしていた50代のころの逸話を聞いて大笑いしてしまいました。

行きつけのバーでキープしている自分のボトルを会社の部下が来て勝手にどんどん飲むので、何とかしなければならないと思ったその人は、ボトルの名前の横に「ツバ入り」と書いたそうです。このお茶目な感じがたまりません。

僕はいまだに、「うんこ」や「しっこ」などの言葉が好きです。何かあるとダジャレを言わないと気が済まないし、親しい人たちからは「小5」レベルの感覚だと言われています。

この前も知り合いから「街中がガラガラです」とLINEが来たので、すぐにガラガラヘビの写真を送り返しました。「熊林君の片腕です」というメールに対しては、中華料理のクマの手の写真を送り返しました。お酒を一緒に飲んだ女性から、「楽しかったので、また今度やりましょう」とメールが来たので、すかさず「次はバイアグラを持っていきます」と返しました。そういうバカな返信をするので誤解もされやすいのですが、そうせずにいられません。

大人げないと言われればそれまでですが、そうした感性が仕事にも反映されていると思っています。そういうものがなくなると、漫画など描けないという気がします。作家にしろ、芸術家にしろ、その意味ではあまり大人びた人はいないと思います。まさに、心は小5です。

結局、感性や感覚から柔軟さが失われ、何に対しても感動しなくなっていくのが、心の老化だと思います。体が老化するのは仕方ありませんが、心はできるだけ柔軟に保っていたいと思います。

そのための一つの方法として僕が実践しているのは、アカデミー賞の作品賞候補に挙がった映画はすべて見るということです。しかも、映画館で見るようにしています。家の近くに映画館が二つあるのですが、ときどきレイトショーもやっています。そこにアカデミー賞候補作などがかかったときは、一人で見に行きます。映画はやはり映画館で見るのと、家でＤＶＤで見るのとでは大きく違います。

若いころは面白かったのに、歳をとってからつまらない人になったという人に会う機会と言えば同窓会です。病気を抱えたり、親の介護や家族の問題に悩んだりしている人は仕方ありませんが、つまらないなと思うのは前の同窓会のときと同じ話をしている人です。

たしかに学生時代は一緒に遊んだ仲なので、昔話に花を咲かせるのは楽しいことですが、それからすでに何十年もたって、それぞれ歩んだ道も違えば、世界観も違います。いくら昔話が楽しいからといって、同窓会で同じ話を繰り返し聞かされても退屈なだけです。

一人暮らしの準備は早いに越したことはない

一人暮らしの人に限ったことではありませんが、60歳や70歳になってからいきなりそれまでと違う生活を始めることには無理があります。ですから第二の人生や人生の後半において、それまでと違うことをしたいと思っている人は、50歳くらいのときに、そのイメージなり、準備なりをしておくべきです。

定年を機にそば屋をやりたい、ラーメン屋をやりたいという人がいますが、そう簡単に行くものではありません。そばは腕の差が顕著に出てしまう食べものですから、成功するのはかなり難しいと思ってください。どうしてもやりたいなら、50歳くらいから毎週末、うまいと評判のそば屋さんを食べ歩くくらいの研究が必要です。

僕の友人にKさんという人がいますが、彼は勤めていた金融機関を脱サラして、日本そばにラー油を入れるというアイデアをひっさげ、虎ノ門で立ち食いそば屋を始めました。それが大当たりして、お昼どきにはお店の前は長蛇の列でした。彼は相当、研究したと思います。実はそれを元に、彼のお店と日清食品と講談社がコラボレーションして、「島耕作も愛した幻の立ちそば　虎ノ門　港屋　辛香るラー油の鶏そば」というカップ麺をつくりました。

その立ち食いそば屋は都市再開発のあおりで閉店してしまいましたが、Kさん自身は長野県に東京ドーム40個分ほどの広大な敷地を買い、そばの栽培に精を出しています。その他にも実業家として、トマトのハウス栽培など2、3の事業を展開しています。

ラーメン屋にしてもそうです。いま繁盛しているラーメン屋さんは、どこもレベルが高くてびっくりします。これで採算が合うのかと心配になるほど、ものすごくいい食材を使ったりしています。僕はまだ行ったことがありませんが、代々木上原にあるミシュランで一つ星を獲得したラーメン屋さんでは、黒トリュフ、ボッタルガ（カラスミ）、ポルチーニ茸など、高級イタリア料理に使うような素材を使っているそうです。その気合いの入り方は並大抵ではありません。そういう世界ですから、少しばかりラーメンが好きだからといって、「ラーメン屋でもやってみるか」という程度では話になりません。

いずれにしろ、何をするにつけ、準備、研究、努力が必要になります。田舎暮らしなどもそうです。定年になったら、どこか田舎にでも引っ越して、家庭菜園でもしながらのんびり田舎暮らしを満喫したいという人がいますが、その考えは甘すぎるかもしれません。

都会でしか暮らしたことがない人に限って、田舎に対して妙な憧れを持っているものです。しかし、田舎出身の僕に言わせると、田舎は往々にして閉鎖的です。いまでもよそから来た新参者に、そう簡単に心を開いてくれません。本当に田舎暮らしがしたいと思ったら、体力のある若いうちに移り住んで、その土地に溶け込むような努力をしなければなりません。

定住するのは無理だとしても、田舎に安いセカンドハウスでも買って、年に3、4回くらい通えればいいというのも安易な考えです。セカンドハウスや別荘のメンテナンスは本当に大変です。人が住まないと、家はすぐに傷みます。そもそも別荘に通う交通費がバカになりません。いくら自家用車があると言っても、ガソリン代や高速料金を入れるとそれなりにかかってしまいます。

歳をとって一人暮らしをするなら、むしろ都心に近いほうがおすすめです。一人暮らしの人に向けたさまざまなサービスが受けられるのも、都会ならではです。都会なら大きな病院もあるし、映画館や劇場も、飲食店もショッピングセンターもたくさんあります。毎週、どこかでイベントや催しものが開かれていて、それらを巡っていれば飽きるということがありません。また、都心のマンションなら、煩わしい人付き合いに悩まされることもありません。

どうしても田舎に出かけたいときは、東京駅や羽田空港から気軽に出かければいいと思います。次はどこの田舎に行こうかと考えるだけでも楽しいものです。一か所の田舎に定住したり、別荘やセカンドハウスを持ったりすると、かえってそうした楽しみは失われてしまいます。

一人暮らしを豊かにするゆるいつながり

一人暮らしを楽しく豊かにする一番のポイントは、結局、個人として自立していて、なおかつ人とつながる力があるかどうかだと思います。

人とつながりつつ、しかもそれに依存しないという関係性が、一人暮らしを充実したものにします。一人暮らしとは、人と関わらずに生きることではありません（なかにはそれを求めて一人暮らしをしている人もいるかもしれませんが）。

少し前のところで中高年の引きこもりに関するデータを紹介しましたが、引きこもりになったきっかけでもっとも多いのが「退職」です。さらに引きこもりになった年齢でもっとも多いのが60～64歳ということですから、その多くは「定年退職」と考えていいと思います。

結局、会社や役所などの組織から切れた後で、どれだけ人とつながっていられるかが、歳をとってから引きこもりにならないための鍵を握っていると言えるでしょう。

僕の仕事に定年退職はありませんが、やはり一般のサラリーマンと同様に、人とのつながりということで言えば、仕事上でのつながりが主なものです。もう一つは、趣味のゴルフでのつながりです。ゴルフには「グリーン外交」という言葉もあるように、ゴルフ場で一緒になった人と、その後、仕事や社交上の付き合いを通じてつながりが生まれることがあります。

もし、マンション暮らしの人であれば管理組合、一戸建てに住んでいる人であれば地域の自治会のようなものがあると思います。そうした組織の役員や世話人を積極的に引き受けるというのも、つながりをつくるための一つの方法です。それによってやりがいが見つかったり、新たな交流が生まれる可能性もあります。少なくとも抜け殻というか、燃え尽き症候群のようなものにはならずに済むと思います。

また、自治体などで中高年が集えるイベントなどを企画しているところも多いので、つながりをつくるという意味では、そうした場に出ていくのもいいかもしれません。行ってみようか、それともやめようか迷ったら、とにかく一歩前へ踏み出してみるべきです。そこで面倒くさいと思ってはダメです。労をいとわず、行動したほうがいい。引っ込み思案の人であればあるほど、そこで少しの勇気を持って外に出ていかなければ、本当にどんどん孤立していきます。

人と改まって話をするのが苦手だという人は、ＬＩＮＥなどのゆるいつながりでもいいと思います。

ＬＩＮＥは簡単で便利なので、ぜひおすすめします。電話で話をするとなると、肝心な要件に進む前にあいさつなどがあって面倒くさいときがありますが、ＬＩＮＥだと「何月何日、都合はどうですか？」と、いきなり冒頭から要件に入っていくことができます。相手のほうも「空いています」とか、「行きましょう」とか、簡単な返信で済みます。

ゆるい関係とはいえ、それもまたコミュニケーションの一種であり、つながりを確保するという意味では有効です。しかも、そのまま安否確認や生存確認にもなります。

ですから人とつながることを、そう難しく考える必要はありません。

あえて自分で敷居を高くする必要もありません。

僕自身、以前はメールやショートメールを利用していましたが、いまはそれもあまり使わなくなり、ＬＩＮＥがメインになっています。もちろん、相手がＬＩＮＥを利用していなければ、ショートメールでもいいと思います。ショートメールは一回当たりの字数制限があるので、一般のメールよりも簡略に済ますことができます。

第4章
「家族」からおだやかに卒業する

「家族は仲がいいもの」という幻想

家族と仲よくやっていることが「善」で、家族とうまくやれないことを「悪」だと見なす風潮があります。

その前提にあるのが、「家族は仲がいいもの」という世間の価値観です。しかし、その価値観に縛られていると、かえって判断を誤ったり、自らを不幸に追い込んだりすることがあります。

世間で犯罪家族と話題になるような家族が、昔も今もいます。端的に言えば、父や母、あるいは息子や娘がそろいもそろって悪いことばかりしていて、挙句の果てに人を殺めてしまうような家族です。

こういう家族は社会的には悪のはずですが、こういう家族に限って仲がいいということがあります。家族と仲よくやっていることが善だとしたら、こうした犯罪家族も善だということになります。

カンヌ国際映画祭で最高賞のパルム・ドールを獲得した是枝裕和監督の『万引き家族』で描かれている家族も、疑似家族ですが、そんな家族です。あの家族は生活必需品を賄うために家族ぐるみで万引きなどを重ねますが、家庭ではいつも笑いが絶えず、仲よく暮らしています。いわば、犯罪でつながった家族です。お互いを許し合い、ぬくもりを分かち合うのが善なる家族だとする世間の価値観にしたがって判断すれば、この家族は称賛されこそすれ、非難される筋合いはありません。しかし、それはやはりおかしいことです。

もし、家族の中に常習的に万引きをしたり、はたまた暴力事件を犯したりする人がいたら、家族といえども別に仲よくする必要はないと思います。そこで家族の絆だとか、結びつきだとか言っても始まりません。社会的には立派な犯罪なのですから、それはそれとして割り切って考えるべきです。

「家族は仲がいいもの」という価値観に縛られる必要はないと思います。仲がいい家族がいたら、それはそれで最高かもしれませんが、別に仲が悪い家族がいても、それは悪ではありません。

どの家族も、その家族なりのケース・バイ・ケースでいいと思います。

アメリカやイタリアなどが典型的ですが、家族に関して、「家族と一緒に過ごすことが人生の一番の幸せ」という価値観が支配的です。そう思う人は多いかもしれませんが、それを負担に感じている人もいるに違いありません。父親が「俺、家族なんか面倒くさくてイヤだ」と本心では思っていても、世間体もあり、「家族は仲よく一緒に行動したほうがいい」と言っているだけかもしれません。

父親に限りません。もしかしたら家族のそれぞれが、仲よく一緒に行動などしたくないと思っている可能性があります。たとえば娘は父親となんか一緒にいたくないと思っていたり、奥さんは家族と一緒に山奥にキャンプなんか行きたくないと思っていたりするかもしれません。

そんなことを考えたら、家族だから仲よくするのが当たり前だと一概には言えませせん。

むしろ、そういう常識や価値観には、ある種の甘えが潜んでいると思います。その甘えが、犯罪家族のようなものを生み出してしまう一因にもなっている気がします。

また、家族ゆえの痛ましい事件も後を絶ちません。家族が暴力や抑圧の場になることも珍しくなく、夫婦や親子や兄弟が反目したり、虐待したり、殺したりするニュースが毎日のように報道されています。悲惨な事件の多くは、家の中で起きていると言っても過言ではありません。そのくらい家族という存在は危ういものだということを認識したほうがいいと思います。

血のつながりといっても、それが何だ？

「家族が一番だ」という世間の価値観は、僕から言わせると一種の共同幻想としか思えません。その幻想の拠って立つところの根底にあるものは、おそらく「血のつながり」でしょう。

血のつながった者同士の絆は、どれほど密接な他人との関係よりも深く強いものだということを表わす言葉として、「血は水よりも濃い」という慣用句がありますが、僕などはそうとも限らないだろうと思っています。

血がつながっていること自体、それほど大したことだとは思いません。

自分の父親でも、親族でもいいのですが、それが仮にひどい人間だったとします。それと反対に、血がつながっていなくても、とてもいい人がいるとします。どちらかを選ばなくてはならなくなったら、僕なら間違いなく血がつながっていなくてもいい人のほうを選ぶと思います。

血がつながっているからといって、そこに絶対的なものはありません。偶有的にそういう関係ができたという程度のことです。大切なのは、親子であれ、親族であれ、それぞれが自分の人生を個人としてちゃんと生きているということです。血がつながっているからという理由だけで、しょうもない人間や気の合わない人間と無理やり一緒に暮らす必要はありません。

子どもがしょうもない人間だというときに、世間ではよく、「そういう人間に育てたのは親であるあなたの責任だろう」と言って親を非難します。でも、そう言われたからといって、それをまともに受けて責任を感じなくてはいけないというわけではないと思います。子どもがどんな人間に育つかということで、教育がすべてのように言われますが、人格形成にあたって教育がどの程度、影響を及ぼしているかは、正直言ってわかりません。

「親の責任だろう」と言われても、一通りの衣食住を与えて、ある程度の年齢になるまで育てたら、それで親としての責任は十分、果たしたことになります。ですから「あとは本人の責任です」と言い返せばいいのです。

たしかになかにはどうしようもない親もいますが、親が子どもの教育に対して責任があるのは、中学生くらいまでだと思います。そこまで親身になって教育しても、その後、自ら非行グループに加わって暴力事件を起こしたり、恐喝や窃盗を働いたりする人間に育つ子どももいます。

それは本人の責任です。それを一方的に親の責任だとするのは、親にとって気の毒です。

そもそも本人がやったことに対して、本人ではない誰かが責任をとるという風潮を僕は嫌いです。たとえば会社で部下がしでかした不祥事に関して、本当に上司があずかり知らないところで行われたことなら、その責任をとって上司が謝罪するのはおかしいことだと思います。

高校野球もそうです。甲子園を目指して一生懸命、練習している部員がいる一方で、チャランポランな部員が起こした喫煙や飲酒などの非行のせいで、チーム全体が責任をとらされ、活動の自粛や対外試合の禁止などに追い込まれることがあります。なぜ、一生懸命やっている生徒が犠牲にならなくてはいけないのでしょうか。

よく「連帯責任」と言いますが、それが行き過ぎると、かつての五人組制度（江戸幕府が町村に作らせた隣保組織）のような、お互いがお互いを監視し合うようなイヤな社会になってしまいます。また連帯責任ゆえ、上司が部下の行動をいちいち監視していたら、上司は自分が本当にやらなければいけない仕事ができなくなります。

僕は、ものごとはすべて「自己責任」が基本だと思っています。もちろん、社会構造的に問題があるケースもたくさんありますが、そうしたなかでもがんばっている人がいっぱいいます。自分がうまくいかないのは、自分のせいでもあります。

何かの折に自分が選んだ相手がひどい人間で、それによって自分に災いが及んだとしても、それはその相手だけに責任があるのではなく、やはりその相手を選んだ自分にも責任があります。僕の考える自己責任とは、そういうものです。

自分に起きたことはほとんど自己責任だと考えて、人のせいにはしないという生き方が潔いと思います。親のせい、人のせい、社会のせい、政治のせい……と、すべてを誰かのせいにしていてはダメです。

子どもにお金を残さない、見返りも求めない

家族についての話が、つい自己責任の話にまで行ってしまいましたが、要するに言いたいことは、「家族だから」というだけですべてを片付けようとするのはやめたほうがいいということです。

それでは何も解決しないどころか、それによって自分の人生がボロボロになってしまう危険性すらあります。「家族だから」、「家族が一番」などという言葉に縛られるのではなく、自分の人生のために、ときには家族を突き放す勇気も必要です。その逆に、自分が困ったときは家族や親族の誰かが助けてくれるだろうと期待してもいけません。

子どもに頼ろうと思っていても、かえってその子どもが親の財産や年金を狙っていることも大いに考えられるので、子どもをアテにしてはいけません。育ててやったの

だから、老後は親の面倒を見てくれるだろうというのは、親の勝手な思い込みです。子どもに見返りを求めてはいけません。さらに、そこにお金が絡んでくると、やっかいなことが起こりがちです。

よく聞く話ですが、子どもたちと同居するために新しい家を建てることになり、それまで住んでいた古い家を売ったお金を全部、頭金として子どもに渡すことがあります。

親としては、その見返りとして自分たちが住む部屋を一部屋もらえるものだと思っているかもしれませんが、そのうち子どもの嫁と折り合いが悪くなり、新しく建てた家を出ていかざるを得なくなり、結局、老夫婦がアパートで細々と暮らさなくてはいけないという事態になりかねません。

そんなことにならないようにするためにも、子どもに面倒を見てもらわなくてもいいので、安易にお金は渡さないことです。

子どもたちのために自分たちの老後の資金を提供するなどという早まったことはするべきではありません。いくら子どもが面倒を見るからと言っても、その口約束はビジネスのような正式契約とは違い、確実ではありません。家族や親族であるがゆえに、その後の人間関係次第ではどうなるかわからないものです。

しかも持っていたお金をすべて子どもに渡して一文無しになってしまうと、そこから先は収入でもない限り、かえってぞんざいに扱われる可能性があります。自分が自由に使えるお金は、ある程度、死ぬまで持っていたほうがいいでしょう。

親の遺産をアテにしている不埒な子どもたちの考えを逆手にとって、こんな愉快な方法はどうでしょうか。毎年、お正月に遺言状を書き換えると、子どもたちの前で宣言するのです。すると子どもたちは、親を邪険にすると自分のところに遺産が入ってこないかもしれないと思い、形だけでも大事にしようとするでしょう。

さて、そのうち親が亡くなります。弁護士の立ち会いのもと、遺言状を開封することになりました。子どもたちの期待は一転、失望に変わります。遺言状には遺産らしきものがほとんどありません。「あの土地は？」と思っていた土地は、既に抵当に入っています。現金資産も、ほとんどゼロ。その遺言状に手紙が一通添えられていて、ひとこと「ごめん」とあったというのはどうでしょうか。

親が子どもたちに対して、一種の「あるある詐欺」を働いたわけです。その手紙を見て、「あのくそオヤジ」と激昂するか、それとも「まんまとやられた」と苦笑するかは、子どもの度量によるでしょう。

離婚が非難される時代ではない

「夫婦は死ぬまで一緒」という価値観を持っている人がいます。そういう夫婦にとっては、どちらかが亡くなるまで一つ屋根の下で仲よく暮らし、死んだら夫婦で同じ墓に入るのが理想なのかもしれません。でも、現実には、そうでない夫婦もたくさんいます。死んでまで夫と同じ墓には入りたくないという妻も増えています。

どんな大恋愛の末に結ばれたとしても、そのままの恋愛感情が延々と続くケースは、むしろ少ないのではないでしょうか。

結婚生活が続くうちに、子どもができたり、転勤があったり、さまざまなことが起こります。それにつれて山あり、谷あり、紆余曲折、多事多難で、夫婦関係も変わっていきます。

多少のすれ違いや無理解があったとしても、最後まで添い遂げるのが夫婦としての理想だし、いい歳をしていまさら離婚もないだろうという人もいるでしょう。

でも、妻（あるいは夫）との関係が良好でなければ、何歳だろうが我慢して一緒にいることはないと思います。むしろ、残り少ない人生を自分の好きなように生きてみたいと思ったら、離婚するのも選択肢の一つです。

離婚数を婚姻数で割った「特殊離婚率」を見ると、日本は１９９８年以降、30％以上で推移しています。仮に、３組に１組は離婚しているようなものでしょうか。また人口千人当たりの離婚件数を示す「離婚率」は、日本は1・7です。トップはロシアの4・7、アメリカは2・5となっています（総務省統計局「世界の統計2018」より）。

外国の例はさておき、日本では、たとえば芸能人や有名人が離婚すると何かと話題になります。

「離婚はよくないこと」とする意識の反映だと思うかもしれませんが（たんに野次馬的に面白いだけかもしれませんが）、特殊離婚率で見る限り、もはやそんなことはありません。仮に離婚しているのは3組に1組だとしても、潜在的に離婚をしたいと思っている人はもっとたくさんいると思います。

「お前百まで、わしゃ九十九まで、ともに白髪の生えるまで」という俗謡《ぞくよう》から出た文句がありますが、夫婦となったからには一生、離婚しないのが理想のように思われていて、かつては離婚すると白い目で見られることもありましたが、いまはそんなことを気にかける必要もないと思います。

そもそも論で言えば、夫婦は一生添い遂げるのが理想だと思われるようになったのは、比較的最近のことです。むしろ、昔の日本は「離婚大国」でした。明治初期の離婚率は、現在の倍もありました。この数字は現在のアメリカよりも多いことになります。江戸時代はもっと高かったそうです。

その離婚率が昭和初期に0・63と劇的に下がり、離婚することがまさに白眼視されるようになりました。

なぜ、そこまで離婚率が下がったのかといえば、1898年（明治31年）に施行された明治民法が大きく影響したからです。

その根幹にあるのは、いわゆる「家父長制度」です。離婚することが決して珍しいことではなかった江戸時代から続く大らかな結婚観が、それによって否定されるようになりました。家父長制度を浸透させるため、妻は家を守るべき存在であるという価値観を押し付けられた末、結果的に離婚はよくないことだという風潮ができあがったのです。

破綻した結婚はただのエネルギーの無駄

離婚をよくないことだと見なす日本の風潮は、たかだか100年ちょっとの歴史しかありません。

それ以前は本人がしたいと思えば離婚はできたし、他人が離婚したからといって、それをとやかく言う人もいませんでした。

夫婦が我慢してでも一生添い遂げることは、美徳でも何でもありません。もし、一緒にいることが本当に耐えられないのだったら、離婚すればいいと思います。一度結婚したからといって一生それに縛られる必然性はないし、離婚したからといってそれを恥ずかしいと思う必要もありません。

子どもができたら、小さいうちは誰かが面倒を見なければいけないので、夫婦というユニットで子どもを育てることが親の仕事といえば仕事です。

しかし、子どもがある程度まで成長したら、そこで夫婦としての仕事が終わったと言えます。そこから先は、もし気が合わない者同士だったとしたら、夫婦といえども無理をして一緒に暮らしていく必要はありません。

もちろん、そこでお互いに愛情が残っていれば、そのまま一緒に暮らせばいい。そうでなければ、離婚する、しないは別にして、それぞれの道を好きなように生きていくほうが、お互いのためにもいいと思います。

ややもすると日本人は、個人が好きなように生きることを道徳や倫理に反していることだと思いがちですが、そんなことはまったくありません。離婚することに対しても、ひと昔前までは白い目で見られた時代があり、会社でも離婚すると出世の妨げになる（たとえば「女房の管理もできないやつが、なんで管理職だ」というような）時代もありましたが、いまはそんなことは全然、関係ありません。

ただ、離婚したくてもできない人には、それなりの理由があるのだと思います。

子どもがまだ小さいうちは当然ですが、離婚した場合、それにともなう財産分与の問題などが考えられます。慰謝料が問題だと思うかもしれませんが、お金持ちであっても法的には慰謝料は300万円くらいが限度で、あとは財産分与という形になります。この財産分与をめぐって、しばしば問題が起きます。

僕の知人で、奥さんが浮気しているという人がいます。興信所に依頼して調べてもらったところ、浮気相手とホテルに入るところまで押さえたそうです。奥さん自身も別れたがっているというので、「それなら、なぜ別れないのか?」とたずねました。彼が言うには、不貞を働いたのは妻のほうなので慰謝料は逆にもらえる側だが、離婚となると、財産分与として数十億円を持っていかれる可能性があり、それがシャクにさわるので離婚したくないのだそうです。

その知人は相当な資産家ですが、離婚すると、仮にその財産が本人一人の手で築き上げたものだとしても、結婚後に蓄えた財産は夫婦両方で築き上げたものという解釈になり、折半に近い形で相手に分与しなければならないそうです。

もしかしたら、その奥さんは、その財産分与を狙っているのかもしれません。そういうケースもあります。

また、お金が絡まない場合でも、「どうせ私と離婚して、あの女と一緒になるんでしょう。あなただけ幸せにさせるわけにはいかない」と、意地でも離婚に応じてくれないケースもあります。こうなると結婚生活自体は完全に破綻していても、怨念や恨みだけで一緒にいるようなものです。

そんなことにエネルギーを奪われるよりも、さっさと家を出て一人暮らしを始めたほうがお互いのためです。

離婚ではなく、「卒婚」という選択肢

離婚するほど夫婦仲が悪いわけではないが、残された時間を一人暮らしで自由気ままに生きてみたいという人もいるに違いありません。そういう人には「卒婚」という

選択肢もあります。

卒婚という言葉は、2004年に杉山由美子さんというライターの方が『卒婚のススメ』という著書の中で使用した造語とされています。

読んで字のごとく「結婚からの卒業」で、婚姻関係を続けながら（よって離婚ではない）、お互いに干渉することなく、個々に自由な人生を送る生活形態のことです。別居する場合もあれば、同居したままの場合もあります。同居を続けると聞くと、愛情のないまま結婚生活を続ける「仮面夫婦」や夫婦仲が悪い「家庭内別居」などを想像するかもしれませんが、卒婚の場合の同居はそうしたものではなく、家事などの基本的な生活を別々に行うことでお互いの領域には立ち入らないという前向きなものです。

最近、中高年の新しい夫婦関係のあり方として、この卒婚を選ぶ人も増えつつあるようです。たしかに離婚となるといろいろな手続きもあるし、子どもとの関係も考えなくてはいけないので、面倒と言えば面倒です。しかし、卒婚であれば、籍はそのままなので問題もありません。

子どもが独立したら、お互い「顔を合わせるのもイヤ」というほど関係が悪化していない限り、「おはよう」や「ただいま」といったあいさつ程度はして、たまには外で一緒にごはんを食べたり、映画を見たりするような関係でもいいという気がします。

たった一度きりの人生なのに、結婚したからといって、一人の異性のためにすべてを犠牲にして一緒に暮らし続けなければいけないというのはもったいないと思います。不倫だ、浮気だと騒ぐくらいなら、そのほうがずっといいのではないでしょうか。要するに結婚したからといって、お互いに縛り合うのではなく、それぞれが楽しく過ごせればそれでいいのです。

いいことずくめに見える卒婚ですが、誰でもお気軽にできるというものではありません。まず卒婚で別居という形を選んだ場合、経済的な負担が増すことも考慮しなくてはなりません。もし家のローンが残っていれば、単純に住居費が2軒分かかります。当然、光熱費などの基本的な生活費も2倍かかります。お互いに仕事を持っていて、最低でも自分一人の生活は自分の稼ぎで賄えるという夫婦でなければ、経済的にはなかなか難しいのではないでしょうか。

さらに、奥さんのほうは一人になったからといって別に生活に困るということはないでしょうが、夫が一人暮らしをするということは、それまで妻に任せっきりだった家のことを自分でやらなくてはならないということです。食事の支度はもちろん、洗濯、掃除、日々の雑務などを一人でこなさなくてはなりません。

それだけの覚悟と生活能力がなければ、男性にとって現実的に卒婚は難しいでしょう。それでも、相手の都合や気まぐれ、相手からの干渉に煩わされることのない身軽な生活や精神的な余裕を得られるということなら、卒婚という形を考えてみる価値は十分あると思います。

自分一人で一方的に卒婚だ、一人暮らしだと思っているだけでは、卒婚は実現できません。

当然のことですが、卒婚にはお互いの理解と合意が不可欠です。奥さんに「私はそんなことを望んでいない」と言われてしまったら、現実的には難しいでしょう。

これは卒婚に限らないことですが、そもそも自分が楽しければ、相手も楽しいはずだと思うのは、はなはだしいカン違いです。とくに歳をとると、男性のほうがそうしたカン違いをしがちです。

たとえば定年になったら、それまで家のことを任せっきりだったことに対する感謝や罪滅ぼしをかねて、奥さんと一緒に旅行に行きたいという男性がいますが、そう思っているのは自分だけで、奥さんのほうには全然、そんな気はないということがあります。奥さんとしては一緒に旅行に行っても結局、夫の身の回りの世話をしなければならないとなったら、少しも楽しくありません。そこで、「行くなら、あなた一人で行って。私は友だちと一緒に行くから」となってしまいます。

そう言われたからといって、そこで憤慨したり、残念に思ったりしたところで始まりません。奥さんがそうしたいというのであれば、それを尊重してあげたほうがいいと思います。奥さんが「行ってきます」と言ったら、「行ってらっしゃい。気をつけて」と送り出せばいいのです。

奥さんには奥さんの楽しみがあるし、それまでの人生で築き上げたつながりもあります。結婚したからといって、夫や子ども、家庭だけに縛りつけられている奥さんはかわいそうです。

孫の世話で疲れ果てる老後はイヤだ

孫ができると、生活のすべてが孫中心になってしまう人がいます。

それこそ、「目に入れても痛くない」ということなのでしょう。そういえば大泉逸郎さんの『孫』という曲がヒットしたこともありました。「なんでこんなに可愛いのかよ　孫という名の宝もの」という歌詞で始まり、以下、孫溺愛の歌詞が続きます。

実は最近、僕にも孫ができましたが、それによって僕の生活が変わったということはありません。かわいいとか、憎たらしいという感情よりも、これはちゃんと育ててやらないといけないという気持ちがあります。

一方、僕の妻は違います。

それまでは携帯電話の待ち受け画面が愛犬だったのですが、あっという間に孫の顔に変わってしまいました。自分に対する愛情が孫に移ったことを敏感に察知した犬が、かまってくれと言わんばかりに、いままで以上に妻にじゃれついてくるそうです。いわばヤキモチを焼いているわけですが、そのうち犬が孫を噛んだりしないか少々、心配です。

やはり女性のほうが、子どもや孫とつながっているという感覚が強いのかもしれません。その分、男性よりも子どもや孫に対する愛情が濃いのでしょう。下手をすると、男にとっては本当に自分の子どもや孫かどうかわからないということもあり得ます。

かなりの確率で自分の子どもだと言われても、もしかしたら違う可能性もないわけではありません。

たしかに世の中には孫のことが好きでたまらないというタイプの男性がいます。ただしこれも、もう少し成長してみなければわからない点もあると思います。その孫が中学生くらいになって家庭内暴力を振るうようになり、そのとばっちりを受けないとも限りません。

孫がかわいいものだという無意識的な刷り込みの根底には、自分が死んでいく恐怖や寂しさを、孫の中に自分の血が流れているということで紛らわせたいという、一種の安心感を求める気持ちが働いているのだと思います。

しかも、まだ孫が幼いうちは自我というものが育っていませんから、むずかる程度のことはあっても、こちらが言ったことはだいたい聞いてくれます。それで余計、かわいいのかもしれません。

そもそも、祖父母が孫を思うほどには、孫は祖父母のことを考えていないこともあり得ます。

祖父母は孫がまだ小さいときのイメージをずっと持ち続けますが、孫のほうは自分が成長するにつれ、祖父母のことを単なる汚らしいジジイとか、ババアと思うかもしれません。そんなジジイやババアから文句でも言われようものなら、頭に来てもう近づいてこないかもしれません。

最近は、必ずしも「孫が一番」と思わないという祖父母も増えつつあるようです。一日くらいは孫の面倒を見ることがあっても、それ以上はまっぴらごめんだという人が出てきました。三日も、四日も孫にいられると面倒くさいし、自分たちが疲れるだけだからイヤだという祖父母も珍しくなくなってきました。

そういうことははっきり口に出して言ってもかまわないと思います。孫の世話で自分たちが疲れ果ててしまったら、何のための老後なのかわからなくなってしまいます。

第5章

近づく「黄昏」を恐れることはない

永井荷風に「死に方の理想」を見る

「明けない夜はない」という言葉は、前途洋々たる若者を励ます場合にふさわしいものだと思います。

僕と同じくらいの年齢の人間にとっては、「暮れない昼はない」といったほうが心境としてはピンと来るのではないでしょうか。どんなに楽しいことにも、確実に黄昏はやってきます。

この世に生まれた以上、いつか必ず死ななければならないのは人の命の定めです。そう頭では理解できても、それを実感として受け止めることは元気な若い人には無理かもしれません。僕のような年齢になってはじめて、それがリアルなものとして迫ってきます。

さて、あなたはどんな死に方を迎えたいのでしょうか。

家族と一緒に暮らしている人なら、そこが病院のベッドであれ、住み慣れた我が家の畳の上であれ、家族や親しい知り合いに看取られ、惜しまれながら臨終のときを迎えるのが理想的だとおっしゃるかもしれません。あるいは同居する人間が気づかないうちにぽっくり亡くなるとか、はたまたつい昨日まで元気にしていたのに、いわゆるピンピンコロリの状態で亡くなるような最期に憧れる人もいるでしょう。

疑問に思われるかもしれませんが、僕自身は病院のベッドで臨終を迎えるような死に方はイヤだと思っています。何だかわからない装置やチューブを体につなげられた状態で、ベッドの周囲を家族や親戚が取り巻いているなか、やがて心臓が止まり、医者が脈や瞳孔を確認して、「ご臨終です」とひとこと。その瞬間、残された家族が「お父さん」と絶句したまま一斉にすすり泣く……。ドラマなどでよく見かけるシーンです。

そんな死に方が一番幸せな死に方だと思っている人がいますが、僕はイヤです。

僕の理想的な死に方は、漫画を描くペンを握ったまま、ある日、机に突っ伏して死ぬというものです。実際、そのようにして亡くなったのが、『ドラえもん』を描かれた藤子・F・不二雄先生だと聞きました。できるものなら、私もそうした死に方がいいと思っています。しかし、これぱかりはどうなることかわかりません。

もう一つ理想とする死に方は、娼婦との交流を描いた小説や日記文学で知られる、永井荷風のような死に方です。

荷風は30代前半に二度、結婚、離婚した後、79歳で亡くなるまで多くの女性と浮き名を流しますが、妻帯して家族を持つのは創作の妨げになると公言し、基本的には一人暮らしを貫いた人です。

その荷風は誰にも看取られることなく、自宅で一人亡くなっています。通いのお手伝いさんが、朝、荷風の家を訪ね、血を吐いて倒れているのを見つけました。死因は胃潰瘍からくる吐血による窒息死だったようです。荷風が倒れていた部屋の畳の上には、手を伸ばせば届くところに七輪や鍋が置いてあったということです。

これは僕の勝手な想像ですが、もしかしたら死の直前、荷風は七輪でお酒でも温め、ちびちびと一人楽しくやっていたのかもしれません。そして日記に「四月廿九日。祭日。陰。」（これが荷風の絶筆。「陰」とは曇りのこと）と書きつけ、そのまま亡くなったのではないでしょうか。

こういう死に方もいいなと思っています。

せっかくですから、もう少し、永井荷風の話を続けましょう。

通いのお手伝いさんが荷風の死体を発見してすぐに医師が呼ばれますが、事件性が疑われ、警察がやってきます。死の前月には風邪をわずらって床に臥せる日が多かったとはいえ、調子のいい日には近所の行きつけの料理屋さんまで、大好物のカツ丼を食べに出かけるほどでした。

名前の知られた文豪の突然の死ですから、世間の注目を浴びないわけにはいきません。新聞やら雑誌やら、今でいうマスコミの連中が千葉県市川市にあったわび住まいにどっと押しかけ、上を下への大騒ぎ。その点は、昔も今も変わりありません。当然、紙（誌）面には、「看取る人もなく、文豪の孤独な死」というような文言が躍りました。

この話を聞いて、みなさんならどう感じるでしょうか。「何とわびしい死に方だろう。自分なら絶対、イヤだ」と思われるでしょうか。でも、僕はそうは思いません。他人に煩わされることなく、自分が好きなものだけを食べ、好きなことだけをする生活を貫いた荷風は、人一倍、一人暮らしを愛した人だと思います。

そんな荷風にとって、孤独に死んでいくこと自体は少しも不幸なことではなかったはずです。

しかも、荷風は晩年、「ぽっくり死にますぜ」と周囲に漏らしていたそうです。その言葉通りに亡くなったわけですから、孤独な死はむしろ荷風の本望だったのではないでしょうか（もしかしたら嘔吐物をのどに詰まらせたときの苦しみは想定外だったのかもしれませんが）。

「孤独死」は怖いですか？

さて、ここからが本題です。一人暮らしの人間、とくに一人暮らしの高齢者にとっては、この「孤独死」が何よりも怖いようです。

実は孤独死には、法的に厳密な定義がありません（警察庁の死因統計では「変死」に分類されています）。以前は「孤立死」とも呼ばれ、それが起きやすい環境として、高齢者、独身男性、近くに親族が住んでいない、定年や失業、病気や疾患を抱えているなどが挙げられていました。ごく単純に定義すれば、主に一人暮らしの人が、誰にも看取られることなく亡くなることが孤独死と言えるでしょう。

ここに配偶者と死別した一人暮らしの高齢者（60〜79歳）について調査したレポートがあります（「配偶者と死別したひとり暮らし高齢者の幸福感」、第一生命経済研究所ライフデザイン研究本部主席研究員・小谷みどり）。

それによると「どんなことが不安か」という問いに対し、「家の中で倒れたり、急病になったりしても誰にも気付かれないこと」、「将来、寝たきりや体が不自由になっても、介護してくれる人が身近にいないこと」、「孤独死するかもしれないこと」という回答が上位に並んでいます。

ことに一人暮らしの高齢男性では、これら3つの不安要因が、いずれも50％を超えています（女性で過半数を超えているのは最初の回答だけ）。それだけ一人暮らしの男性のほうが、自分の老、病、死に対して強く不安を感じているということだと思います。

もちろんそうした不安のなかには、仮に倒れたとしても、早く発見されて病院に運ばれれば助かるかもしれないという気持ちも入っているでしょう。

わからないことではありません。

一般的な生活力という点では、男性は女性に比べて低いものです。経済力は別にして、そもそも日本の男性は一人で生活していく力が弱いうえ、人間関係も仕事や職場に偏りがちです。定年などで仕事を辞めた途端、他者や社会との関係が切れてしまい、孤立しやすくなります。

さらに奥さんと死別や離別してしまうと、自分の身の回りの世話さえできない人がいます。そういう男性が、病気や孤独死を強く恐れるのでしょう。

不安をあおるつもりは毛頭ありませんが、実際、死亡したときに同居者がいる場合、8割の人が死後1日以内に見つかっています。

ところが一人暮らしの場合、その割合は3割程度まで下がるそうです。さらに言えば、孤独死する人の約8割は男性だと言われています。さまざまな調査から、男性は女性の2倍以上の確率で孤独死しやすいというデータもあります。

周囲に交友する人もなく、孤立して生きていれば、そうした状況に陥りやすいのも理解できます。

それでもなお思うのですが、孤独死はそれほど恐れるべきものでしょうか。

そもそも考えてみれば、人の死はおしなべて孤独死だと言えます。たとえ家族や親族と一緒に暮らしている人であっても、亡くなるときは全員、一人の孤独な人間として亡くなっていくことに変わりありません。

仮に、戦争になってミサイルが飛んできたり、大きな自然災害に見舞われたりして一気に大勢の人が亡くなったとしても、その一人ひとりに焦点を合わせれば、すべて孤独死です。

その意味で、「人は孤独のうちに生まれ、孤独のうちに死んでいく」というのは、この世の真実だと思います。

それがどんなに祝福された誕生であっても、あるいはどんなに惜しまれながらの死であっても、その事実に変わりありません。

しっかり準備すれば「後のこと」は怖くない

なぜ一人暮らしの高齢男性は、ことさらに孤独死というものを恐れるのでしょうか。

いくつか理由は考えられますが、その最大のものは、誰にも看取られることなく、もがき苦しみながら孤独に死んでいくことそのものよりも、「死んだ後」のことに恐怖を感じているからかもしれません。

というのも、孤独死で亡くなった人がしばらくたってから発見されたときの死体の様子が、マスコミなどで報道されるのを見て、そのおどろおどろしいイメージが恐怖心とともに刷り込まれている可能性があります。

たとえば夏場に亡くなり、死後2週間も発見されずにいると、死体の腐敗はかなり進みます。死体からドロドロの体液が溶け出し、それが布団や床にしみ込み、腐敗した際に発生するガスによる異臭も強烈です。死体にウジ虫がわいたり、ネズミやゴキブリにかじられたりしていることも考えられます。

それが、孤独死した自分の姿だったとしたら、想像するだけでもいたたまれなくなってしまうでしょう。孤独死に対する恐怖は、死後に自分の体がそのような状態になってしまうことに対する恐怖から来ていると言えます。

また、孤独死に対する恐怖は、自尊心や矜持《きょうじ》といったものにも関係していると思います。一人暮らしの果てに孤独に死んでいくことは、自由気ままに生きることを選択した結果によるものですから、それは許容できるとしても、自分の死によって誰かに迷惑がかかるようなことだけはあってはならないという思いが、僕たちには強くあります。

仮に孤独死した場所が賃貸のアパートやマンションの一室、あるいは借家などであった場合、もし腐乱死体で見つかったら、その部屋や家はいわゆる「事故物件」になってしまい、貸主や近所の方々に迷惑をかけることになりかねません。「立つ鳥跡を濁さず」という言葉もあるように、死んでから人に迷惑がかかるようなことだけはしたくないという思いを抱いている人は少なくないと思います。

人生において起こることはすべて自己責任だと思っている僕にとっても、最後の最後になって人に迷惑をかけてしまっては、その責任を果たせないことになってしまいます。

「晩節を汚す」という言葉は本来、人生の最終盤になって失態をおかして名誉を汚すという意味です。孤独死による腐乱死体となって発見されることは、決して失態や不祥事というわけではないにしろ、それまでの人生において積み重ねてきたものを灰燼《かいじん》に帰《き》し、最終的にその人の人生は悲惨だったと結論づけられることにもつながりかねません。

そうしたことに対する不安も、孤独死に対する強い恐怖となっているのではないでしょうか。

しかし冷静に考えてみれば、孤独死した一人暮らしの人のなかで、実際にどれくらいの数の人が腐乱死体となって発見されているのでしょうか。テレビやネットのニュース、新聞や雑誌の記事などで報道されると、確かにそのインパクトは強烈なのですが、数自体はそれほど多くないような気がします。

ですから、孤独死をいたずらに恐れる必要はないと思います。それでもやはり腐乱死体となって発見されたくなかったら、一人暮らしであったとしても、普段から人と連絡を取り合うようにするとか、お互いに訪ねていけるような関係を築いておくとか、それなりに努力や対策をしておくしかありません。

介護保険の要支援や要介護認定を受けて在宅サービスを利用したり、自治体やNPO法人などが行っている一人暮らしの人のための見守りや訪問活動などを積極的に利用するなどして、仮に孤独死しても、すぐに発見されるような手立てを講じておくのもいいでしょう。そうした心構えや準備だけは心がけておくべきです。

前のところにも書きましたが、生存確認ができる電気ポットや冷蔵庫なども開発されています。朝から一度もポットを使っていないとか、冷蔵庫の扉を開けていないというときには、取り付けられたセンサーがそれを感知し、警備会社の管理センターなどから人が駆けつけるシステムになっています。

一人暮らしの人が増えてくれば、そういうシステムはもっと発達するでしょうから、そうした文明の利器を上手に利用することも孤独死で腐乱死体となって発見されることを防ぐ一つの方法です。

一人の最期も気楽でいい

結局、孤独死に対する恐怖は、死んでから何日も発見されず、腐乱死体のような状態で発見されることに対する恐怖だと思います。それが孤独死に対する不幸なイメージとなっているのでしょう。

あるいは家の中で倒れ、助けを呼ぼうにも、何らかの事情（電話までの距離が遠かった、トイレやお風呂に入っているときで携帯電話が手元になかったとか）でそれができなかったときに、真綿で首を締められるようにもがき苦しみながら死んでいくことに対する不安なども手伝っていると思います。

そうならないようにするためにも、携帯電話やスマホはいつも肌身離さず手元に置いておくことをおすすめします。

死後すぐに発見されるとしたら、孤独死そのものはそれほど忌避すべきものではないかもしれません。また誰にも看取られずに亡くなっていくことも、それほど悲嘆すべきことではないのかもしれません。

それは結局、孤独というものをどうとらえるかにかかっていると思います。僕自身は孤独死を一概に不幸なことだとは思っていません。むしろ「一人で死んでいくのも気楽でいいかな」と思っているくらいです。

というのも実際に一人で暮らしてみるとわかることですが、一人暮らしは何の制約もなく、この上なく自由なものです。自由な生活に憧れないという人は、おそらく少ないのではないでしょうか。

もちろん、配偶者や子どもたちと一緒に暮らすことが幸せであって、一人暮らしなどもってのほかだという人もいるでしょう。それはそれでかまいませんが、誰かと一緒に暮らすということは、それなりに煩わしさや不自由さがあることも否定できません。奥さんの機嫌を取らなければならなかったり、あれこれ指示されたり、子どもの現状や将来について心配せざるを得ないときもあったりするでしょう。少なくとも一人暮らしには、そんな煩わしさがありません。

どちらを選ぶかは人それぞれであって、どちらを選んだからといって非難されるべき筋合いはありません。

さらに言えば、これから間違いなく増えていくだろう一人暮らしの高齢者が、安心して、楽しく暮らせるような社会になっていくことが、この国が成熟した国になっていくためにも有意義なことだと思います。

いずれにしろ、これからは一人で暮らして、一人で亡くなっていく人が増えることは間違いありません。それにつれて、「孤独死は悲しむべきもの」と十把《じっぱ》ひとからげに断じてしまう現在のマスコミなどの論調も変わっていくに違いありません。

延命治療の意思だけははっきりと

一人暮らしの人に限らず、自分の臨終にあたって考えておきたいのが「延命治療」についてです。

病気、事故、あるいは老衰などによって意識がない状態になったときに、あなた自身が延命治療を望むかどうかということです。

あなたがもし自力で呼吸ができない状態になったら、一般的には延命措置として口に管を挿入され、人工呼吸器を使うことになります。それによって、場合によってはかなり長期にわたって命を保つことができます。もちろん、その管を外せば死に至ります。

あるいは、あなたが自力で食べられなくなったら、短い間なら点滴によって栄養補給をします。しかし、それ以上になったら、延命のためにお腹を切って胃に管を通し、栄養分や水分を補給する胃ろうにするか、食べられないまま自然に衰弱して亡くなる、すなわち餓死するのかどちらかを選ばなくてはなりません。

もちろん現実的には、その時点で本人には意識がないということがほとんどでしょうから、延命措置を諾《だく》とするか、否とするかは、自分で選ぶことができません。それは医師、あるいは家族や近親者の判断や選択に任されます。

少し前までの日本の医療では、死期が迫った患者さんに対する治療は患者本人や家族の希望や意向に沿うというより、医師の判断により、とにかく医療技術や機器を駆使して延命を図ることが第一とされてきました。

しかし、最近になって、そうした傾向にも変化が見られるようになってきました。終末期にはあまり医学的に介入しないほうが、かえって患者さん本人が苦しまなくて済むということがわかってきたのです。

いよいよ生命が終わるというときには、生物の自然な反応として人は食べなくなるそうです。にもかかわらず、そこで無理に栄養を補給するような延命措置をしてしまうと、本人が苦しむだけだといいます。

これはあるお医者さんから聞いたことですが、「人の死は、飛行機が着陸態勢に入り、少しずつ高度を下げていくようなもので、そこでいたずらな延命措置を施すことは、せっかく着陸態勢に入っている飛行機にガソリンを入れ、無理やり高度を上げさせるようなもの」だといいます。

考えてみれば、それはとても残酷なことだと思います。

そういうこともあり、最近では終末期には積極的な治療を行わない、つまり延命治療を行わないことを希望する人も増えてきました。その背景には、そもそも延命治療は医療関係者だけが決めることではなく、患者さん本人、あるいは患者さんの意思を汲んだ家族や親族が決めることではないかという考えが社会的に浸透してきたということがあるかもしれません。

　そうなると大事なことは、病気や事故などで自分の意識がなくなり、意思表示ができなくなった場合に備えて、延命治療を希望するかどうかということを元気なうちに決めておくことです。

　自分が延命治療を受けたくないのであれば、「死期が迫ったときは延命措置をしないでください」という内容の宣言をしておくのです。「延命治療に関する意思確認書」「終末期医療の事前指示書」「尊厳死の宣言書」など、いくつか呼び方はありますが、その意思を書面にしておくというのが一般的です。「生前の意思」という意味で、それらを総称して「リビング・ウィル」とも呼ばれています。

　その具体例として、以前も僕の本で紹介した、友人の「尊厳死カード」を改めてご紹介しておきましょう。交通事故などで意識がなくなっても余分な延命措置を施さないようにという意思表示をするために、僕の友人がいつも財布の中に入れて持ち歩いているものです。そこには、こんなふうに書かれています。

尊厳死のお願い
私の傷病が、現医学で不治の状態で、死期が近い場合には、延命措置は一切しないでください。但し、苦痛は和らげてください。また、数週間以上植物状態になったときには、一切の医療措置をやめてください。
これは、私の精神が健全なときに希望したものです。

この文面は、その友人が自分のかかりつけのお医者さんに頼んで作ってもらったものので、医師の署名、印があれば有効なのだそうです。いずれにしろ、こうしたリビング・ウィルを示す書類に決まった書式はありません。「平穏死」や「自然死」などのいわゆる尊厳死に対する理解・浸透を深める活動に取り組んでいる日本尊厳死協会のホームページを見ると、リビング・ウィルの書類例が掲載されていますので、そうしたものを参考にしてみてはいかがでしょうか。

年寄りが病院のベッドに居座るのは医療資源の無駄？

僕自身はそのような具体的な書類を作っていませんが、それでも万が一のときには無意味な延命治療はしないでほしいと、家族にははっきりと伝えてあります。

また、僕は70歳を過ぎているので、それほど使える臓器はないかもしれませんが、運転免許証の裏の臓器提供意思表示欄の「私は、脳死後及び心臓が停止した死後のいずれでも、移植のために臓器を提供します」のところに丸印を付けています。

これは残された家族に、精神的にも、経済的にも、余計な負担をかけたくないからです。

僕は、脳死は実質的に人の死だと考えています。すでに死んでいるのに、家族に治療費で負担をかけ続けることは合理的でないと思っています。また、「人工呼吸器につなぐか否か」「胃ろうをするか否か」といったつらい選択を家族に迫り、悩ませたくありません。

これは家族の負担や苦悩だけで済む話ではありません。

昔と違って、今は7割の人が病院で亡くなっています。その多くは高齢者です。それだけ多くの高齢者が数が限られている病院のベッドを占拠していいものかどうか、考えてしまいます。

現実問題として、国は増大し続ける医療費を抑制する政策の一環として、病院のベッド数を減らそうとしています。その医療費の増大にさらに拍車をかける要因になるだろうと危惧されているのが、人口のボリュームが大きい、僕を含んだ「団塊の世代」です。その人々が75歳以上を迎える２０２５年になると、それでなくても高齢化によって増え続けている医療費や介護需要が、ますます増加すると言われています。

団塊世代のなかには腹を立てる人もいるかもしれませんが、そうなってしまうと、良くも悪くも戦後の日本社会を長く支えてきた団塊の世代が、かえって世の中の迷惑要因になってしまう可能性があります。

僕自身は、治癒する見込みもなく、実質的に死んでいるのと変わらない状態になってしまった年老いた我々団塊の世代のために国民の税金が使われたり、病院のベッドが占拠されたりすることを申し訳ないと思ってしまいます。少しでも早く治療を受け、社会に復帰してもらわなければならない若い世代から、治療の機会を奪ってしまうことにもなりかねないからです。

社会保険から支払われる医療費にしろ、病院のベッドにしろ、あるいは治療にあたる医師や看護師などにしろ、それらは国民にとって貴重で限りある医療資源です。

その資源を無駄に使ってはいけないと思います。60代以下のまだ若い世代に対してであれば、わずかの可能性に賭けるということで延命治療を続けることにも意味があるかもしれませんが、70代、80代になった人に対して必要以上の延命治療を続けることには、やはり問題があると思います。

父の延命治療で考えたこと

実は僕自身、延命治療を経験したことがあります。

と言っても僕ではなく、僕の父が半年間、延命治療を受けたのです。父は骨折で手術を受けたのですが、それから意識がなくなり、脳死に近いような状態になってしまいました。家族で相談した結果、母の意思を尊重し、延命治療を受けることにしました。

お医者さんは「意識がないから痛みはない」と言っていましたが、父は酸素吸入器をつけていたせいで、いつも口が半開きの状態で、舌が干し柿のように乾燥して干からびていました。見ていると、ときどき父の顔が苦痛でゆがむのがわかったので、僕には父のその状態がとてもつらそうに見えました。

父はそれから半年後に亡くなりましたが、その亡骸を見て、本当に父は延命治療を望んでいたのかどうかと考えました。

父は、本当は一刻も早く苦痛から抜け出して、早くあの世に逝かせてくれと言いたかったのではないかと思いました。もしかしたら父に延命治療を受けさせたことは、家族のエゴだったのではないかと後悔しました。

そうした後悔もあるので、僕自身、延命治療はしないようにと家族に宣言しています。結局、僕くらいの年齢になってしまうと、延命治療をしても得られるものはほとんどないと思います。多少は延命できるかもしれませんが、それも1、2年早いか、遅いかといった程度で、その間、延命治療をしたことで、かえって家族に相当の経済的な負担をかけてしまうことになります。

そんな無駄なことをするよりも、自力でごはんを食べられない、呼吸ができないということになったら、そこまでの寿命だと思って受け入れるしかありません。もちろん、こうしたことは人それぞれの考えですから、90歳だろうが、100歳だろうが、自分は延命治療を受けて一日でも長く生きていたいと思う人はそうすればいいと思います。

延命治療に関して、もう一つ言っておきたいことがあります。

それは、意識のない家族や肉親の延命措置をどうするか医師から選択を迫られたときに、仮に「しない」という選択をしても、そのことによって他人の目を気にしたり、自分は薄情ではないかと必要以上に苦しむ必要はないということです。

人並みの経済状態の人にとって、意識が回復する見込みがほとんどない家族の延命治療を続けることは、かなりの経済的負担となります。そこで情実に流され、延命治療を選んでしまうと、それによって残された人たちの生活や人生が破綻しかねません。

おそらく意識のない本人も、家族や肉親に多大な迷惑をかけながら回復の見込みのない延命治療を続けることは望んではいないでしょう。

そこは合理的に考えて、「延命治療をする、しない」の判断をすればいいのではないでしょうか。

肉親の延命治療を望まないからといって、その家族が薄情なわけでも何でもありません。自分たちで心の整理ができてさえいれば、それでいいと思います。

生き死にを自分で選べるか？

いまどれだけ多くの高齢者が意識もないのに人工呼吸器などにつながれ、食べることもできないのに体に穴を開けてまで栄養補給を続けることで生かされているのでしょうか。

冷たい言い方に聞こえるかもしれませんが、これは一人暮らしの人にも、家族やパートナーと同居している人にも共通した問題です。これだけ高齢者が増えてくると、長寿社会だからといって無邪気に喜んでばかりもいられないと思います。

「いかに生きるか」ということと並行して、「いかに死ぬか」ということについても、それぞれがしっかり考えておいたほうがいいのではないでしょうか。

僕は、長生きをすることが必ずしも幸せであるとは限らないと思っています。その意味で、ある程度の高齢（たとえば90歳とか、100歳とか）になったら、延命治療までして無理に長生きしたり、させたりすることがいいことだとは思いません。苦しまずに最期を迎えるために肉体的な苦痛を取り除いてもらう必要はありますが、それが上手くいったら、あとはジタバタせずに、安らかにこの世から去っていくのが潔い生き方（死に方）だと思います。

そこで考えておきたいのが「安楽死」についてです。まず言葉の定義ですが、安楽死とは患者さんの要望に基づき、医師が致死薬を投与するなどの医療的な介入を行うことで死に至らしめる行為です。これは「積極的安楽死」とも呼ばれ、医師に介助してもらっての自死ということもできます。

一方、先ほども述べた「尊厳死」は、終末期において過剰な延命治療を拒否することによる一種の自然死であり、この二つは言葉のうえでは一応、区別されています。

ただし、それを明確に分けることは難しいと思います。見方によっては、尊厳死も消極的な安楽死と言えないこともありません。

ご存知のように、日本では法律上、積極的安楽死は認められていません。もしそれを実行すると、医師や医療関係者は殺人罪や自殺ほう助罪などに問われる可能性があります。そのような法律的な問題に加え、日本では一種の慣習として安楽死をタブー視する風潮があります。

たとえば、報道機関などで安楽死に関する報道がまだまだ少ないと思います。また、日本では医療関係者を中心に死を敗北であるかのようにとらえ、とにかく延命治療を優先させてしまう傾向があります。

さらに言えば、そもそも日本人には自分の終末期に向き合い、自分の最期について考える機会が少ないのではないでしょうか。

少し前に、安楽死をテーマにしたテレビ番組などが放送されると、どんなことがあっても安楽死は認められないと、放送局に多くの苦情が寄せられたことがあります。

安楽死は、それでなくても少なくない自殺を助長することになるのではないかと言う人もいます。ただ、自殺と違い、安楽死は医師などが同意して実行に手を貸してくれなければ無理なので、仮に安楽死が法律的に認められたからといって、それによって自殺者が増えるとは一概に言えないと思います。失恋したから安楽死をお願いしますと言っても、それは受け付けられないでしょう。

世界的に見ると、法律上、安楽死を認めている国は珍しくありません。ヨーロッパではオランダ、ベルギー、ルクセンブルク、スイスなどが積極的安楽死を認めているほか、アメリカではモンタナ州、カリフォルニア州、バーモント州、ニューメキシコ州、オレゴン州、ワシントン州などの州、さらにカナダやオーストラリアのビクトリア州でも安楽死が合法化されています。

僕自身は、やがて日本でも安楽死が認められるようになるのではないかと思っています。少し前のことですが、脚本家の橋田壽賀子さんが雑誌のインタビューや本人の著書を通じて、「安楽死を認めてほしい」と発言して話題となりました。

その趣旨は、

「自分には家族も心を残した人もいないので、寝たきりになったり、重度の認知症になったりしたら、人に迷惑をかけてまで生きていたくない。身寄りがないので、体が自由に動かなくなったら、世話をしていただくのにいっぱいお金がかかる。それに備えて、お金も自由に使えない。そのときに保険のように安楽死という仕組みがあれば、安心してお金も使える。だから安楽死を認めてほしい」

というものです。

僕もまた、橋田さんがおっしゃることに同感します。人間には「生きる権利」、いわゆる生存権が認められているように、他人に迷惑をかけない限りにおいて、終末期において「死ぬ権利」が認められてもいいのではないかと思っています。

それが認められていれば、かえって自分の終末期に向き合い、最期について考えることを含め、いろいろな意味で心の準備ができるのではないでしょうか。

妻に先立たれることを想定してみる

人は誰しもいずれ配偶者やパートナーと別れなければいけないときに直面します。離婚などの離別は別にして、長年、連れ添った相手だったとしても、いずれどちらかが先に亡くなってしまいます。事故や火災、あるいは大きな自然災害などで夫婦が同時に亡くなるということは可能性としてないわけではありませんが、極めてレアケースだと思います。

いつごろからそう思うようになったのかわかりませんが、この「どちらが先に亡くなるか」ということに関しては、男のほうが先に亡くなるものだと思い込んでいる男性が大多数です。しかし、そこには合理的な理由は存在しません。

夫が妻より年上の場合はもとより、男女が同じくらいの年齢の場合、女性のほうが平均余命が長いので、自分のほうが妻よりも先に死ぬだろうと思っていたら、普段から健康に気をつけて、節制もしていた妻のほうが先に亡くなってしまうということもままあります。奥さんに先立たれて、「そんなはずではなかった」と嘆いたところで、これればかりはどうにもなりません。

自分のほうが妻よりも先に死ぬと思っていることの背景には、多分に日本の男性の甘えや弱さといったものも関係していると思います。自分の身の回りのことから何から、すっかり奥さんに頼り切っている男性がいまだにたくさんいます（とくに高齢者ほどそうです）。

そういう人が奥さんに先立たれると、衣食住などの生活の基本的なことから、親戚付き合い、近所付き合いまで含め、自分一人では何もできないという状況に置かれてしまいます。なかには奥さんが亡くなったことで、まったく元気をなくしてしまう人もいます。そうしたことがイヤで、自分のほうが先に死ぬと思いたいのかもしれません。

結局、日本の男性の多くは、「一人」という状況に慣れていないのかもしれません。家庭のことはすべて妻に任せっきりで、通勤のとき以外はほとんど一人になるということがありません。それがいきなり一人暮らしになることで、簡単な身の回りの世話もできないまま、やる気を失って無気力になったりするのでしょう。

僕から言わせると、それではあまりに情けない。

せっかくこの世に生を享《う》けたのに、何のため、誰のための人生かわかりません。奥さんに先立たれたからといって、残り少なくなった人生をすさんだ生活や暗鬱《あんうつ》な気分で終えてしまうのは実にもったいないことだと思います。

「いつまでもあると思うな親とカネ」ではありませんが、奥さんに先立たれることを想定し、一人でも基本的な生活ができるだけの力を身につけておくべきです。

スーパーなどに行き、食材を買い、献立を考え、調理し、食べ、後片付けをするとか、部屋を掃除し、洗濯をして、干して取り込み、タンスにしまうとか、自分が着るものは自分で買いに行くとか、普段から少しずつやっておくことです。「やったことがないからできない」というのはただの言い訳にすぎません。やったことがないのなら、やってみることです。

結局、日本の男性がそういうことをできないのは、やってくれる奥さんがいるためであって、それに全面的に頼ってしまうからです。一種の横着にすぎません。車の運転と同じようなもので、自分で運転していると道を覚えますが、助手席だとなかなか道を覚えられません。また、ナビに頼ってばかりいると、ナビが機能しないときに、どこをどう走っていいのかわからなくなります。人間は頼るものに依存して自分でやろうとしなくなります。

一人で生活するといっても、別に難しいことではありません。スーパーに行けば、ちょっと手を加えるだけで（はたまた、まったく手を加えなくても）食べられるものがたくさん並んでいます。今は便利な家電製品や調理道具なども揃っています。洗濯や掃除だって、要領さえつかんでしまえば簡単にできます。

何から手を付けていいかわからないなら、奥さんが生きているうちに少しずつ教えてもらうことです。それによって自分の家事の手間が省けるし、自分が先に死んだ後で夫が何もできずに哀れな生活を送ることに耐えられないと思ったら、奥さんだって喜んで教えてくれると思います。

たとえば「自分でパンツを買いに行く」と言ったら、「いいわよ、買いもののついでに私が買ってくるから」と、奥さんは言うかもしれません。でも、そのときは「やっぱり俺にやらせてくれ」と頼んでみてください。「なぜ?」と聞かれたら、「おまえが先に亡くなったときに、俺は一人でも生きられる練習をいまからしておきたいんだ」と、お願いしてみるのです。

夫の身の回りの世話を完璧にこなすことに妻としてのアイデンティティーやプライドを感じている奥さんであれば、そういうことにいい顔はしないでしょう。夫が家事をするとシッチャカメッチャカで、後で全部やり直さなければならないからイヤだという人もいるかもしれません。

しかし、そうしたことをすべて織り込んだうえでなお、「やらせてくれ。それをやっておかないと不安だから」と、奥さんに強くお願いして、ぜひやってみることです。

男は妻との死別に弱い生きもの

言うまでもないことですが、人は生まれた以上、いつか必ず死にます。多少、早いか、遅いかの違いだけです。

ですから長年連れ添った配偶者が自分より先に亡くなったとしても、来るべきときが来たと思うよりほかありません。伴侶に先立たれたとしても、人生は続いていきます。

とは言っても、やはり配偶者やパートナーが亡くなれば、人によってはかなり長い間、その喪失感にさいなまれることがあります。

人がどんな要因で、どのくらいストレスを感じるかを調べた調査があります。それによると、人にとってもっともストレスフルな要因は「配偶者の死」です。これが「離婚」や「夫婦別居」、「ケガ・病気」や「解雇・失業」などよりも高くなっています。なかにはそのストレスから立ち直れずに、うつ状態になってしまう人もいます。

配偶者やパートナーの死を受け容れ、その喪失感から立ち直ることに関しては、男女差があるように思います。夫に先立たれた妻よりも、妻に先立たれた夫のほうが総じてショックが大きく、立ち直るのに時間がかかるようです。僕の周囲でも奥さんに先立たれて、その喪失感から立ち直れずにいる人がいます。

安易に一般化することはできませんが、生活の全般を妻に頼りきりだった男性ほど、そういう傾向が見られます。

少しずつでも回復していけばいいのですが、そのショックから立ち直れないまま、そう長くない先に、まるで奥さんの後を追うように亡くなってしまうケースも珍しくありません。

その一方、平均余命が男性よりも長いということも関係しているのかもしれませんが、一般的に夫に先立たれた奥さんのほうが長生きですし、その喪失感やショックから立ち直るのも早いように見受けられます。

何かと手のかかる夫の世話から解放され、一人になった身軽さも手伝うのか、逆に元気になって友人同士で頻繁に旅行に出かけたり、本格的に趣味に打ち込み始めたりする人がいます。

この章の最初のほうで取り上げたレポートには、配偶者と死別した一人暮らしの高齢者に、現在の幸福度について10点満点で答えてもらう項目があります。男性の平均値は7・09点なのに対し、女性は7・82点で、女性のほうが男性よりも幸福度が高いという結果が出ています。また「生きがい（喜びや楽しみ）を感じているか」という問いに対しても、「とても感じている」「まあ感じている」と答えた人は、男性が68・

6％なのに対し、女性が78・2％と、約10ポイントも女性のほうが高くなっています。

こうした調査からもわかるように、配偶者と死別して一人になった場合、男性のほうが精神的な落ち込みの度合いが強いと言えます。

そもそも現実に一人で暮らしていくという観点から見れば、女性のほうが男性よりもはるかにたくましいと思います。生活していくということに関しては、男は脆弱な生きものです。

同じ人間ですが、その点では男女はやはり違う生きものだと言えるのではないでしょうか。

孤立しないための「止まり木」をつくる

どうすれば配偶者を亡くした男性がその喪失から立ち直り、再生への道をたどれるようになるか。よほどの人間嫌いでない限り、やはり社会や人と少しでも接点を持つことだと思います。

とくに男性は、仕事などを通じて社会や公共の利益などの「大きな物語」につながっていることに生きがいを感じる生きものです。幸いにして定年も延びる方向にありますから、もし働けるものなら、できるだけ働いたほうがいいでしょう。

社会や人と接点を持つということでは、ボランティアや地域活動も一つの方法です。その活動を見た人から、たった一人でもいいので「あなたがいるおかげで助かるよ」と言われたら、気持ちいいものです。「誰かのために」というのが、人間がものごとを為すモチベーションとして最大のものだと思います。また、趣味や生涯学習のような場に参加するのもいいでしょう。

いずれにしろ社会や人と接点を持つということは、孤独な一人暮らしではあっても、孤立はしないということです。

孤独を現代の病のように言う人がいますが、一人の時間を楽しむという意味で、孤独は必要な条件です。本当に危惧すべきは孤独ではなく、誰ともつながっていない孤立のほうです。それを回避するためのセーフティネットが、社会や人とつながることです。孤独であっていい、でも孤立は避けるべきです。

最後に、一つ。

配偶者やパートナーに先立たれた一人暮らしの高齢男性が元気を取り戻すために効果的な方法として、異性である女性と接点を持つことをおすすめします。

これは多くの人が指摘していることでもありますが、先ほどのレポートでも、男性は女性の友人がいる人のほうが、同性である男性の友人がいる人よりも幸福度が高いという結果が出ています。

できれば特定のパートナーがいいと思う男性は少なくないでしょう（それは身の回りの世話をしてほしいという男の甘えの構造でもあるのですが）。なりたければなればいいのですが、それほど深い関係にならなくてもいいと思います。

言うなれば茶飲み友だちのような関係で、ときどき会ってお茶を飲んで話したり、一緒にどこかに出かけたり、たまには食事やお酒を楽しんだりするのです。

やはり女性と一緒にいると、否が応でもその視線を意識せざるを得ません。相手に少しでも好印象を与えたいと思いますから、自然と立ち居振る舞いなども引き締まり、気持ちにハリができて、活力も湧いてきます。身だしなみにも気をつけるようになるし、清潔でいようと心がけるようにもなると思います。

「それはわかるが、俺はそもそも女性と出会う機会が少ない」

そう思う人は、この際近所のスナックのママさんと仲よくなっておくというのはどうでしょうか。今は新型コロナの影響で少し控え目にならざるを得ませんが、男性にはやはり、ストレスを解消できる場所が必要だと思います。その意味でも、スナックはおすすめです。

いわば、「男の止まり木」というやつです。

そこのママさんと別にどうこうしたいというわけではありませんが、気持ちが落ち込んだときなどに出かけていくと、「どうしたの、あんた？　元気ないわね。しっかりしなさいよ」とドヤされたりします。「そうなんだよね……」と答えているうちに、ちょっと元気が出てきます。そんな軽口が叩けるような感じのスナックのママさんと仲よくなっておくことをおすすめします。

スナックのママさんのなかには人を見る目があり、観察眼に優れた人がいます。「この人、体をこわしているな」とか、「何か、よくないことがあったな」というのをすぐに察して、適切なアドバイスをしてくれることもあります。実際、高齢の常連のお客さんが、二、三日顔を見せないことにピンと来て、ママさんがアパートに様子を見に行ったら、そのお客さんが亡くなっていたという話もあるようです。

スナックの止まり木効果は、ママさんとの会話に限りません。常連さんをはじめ、そこに集まる人々とのさり気ない会話も、ストレスや落ち込みの解消につながります。誰ともつながることなく一人で家にいると、精神的に行き詰まってしまいます。そうなる前に、スナックのような場所で少しずつガス抜きをしておくことをおすすめします。